万国津梁の鐘・拓本

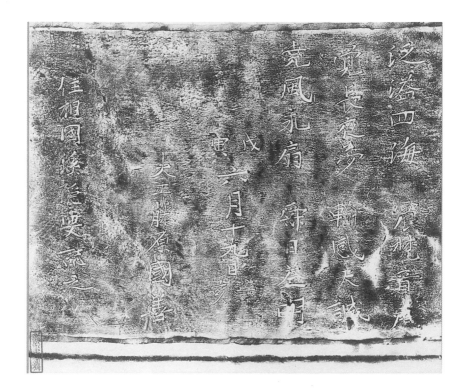

古琉球を歩く

碑文散策考

諸見友重 著

旧首里城正殿鐘（万国津梁の鐘）
［沖縄県立博物館・美術館所蔵］

はじめに　海のアジマーで　―古琉球への誘い―

かつて対馬を訪れた時、とても驚いたことがあった。道端に繁茂していた植物を指して、地元の人は「フチ」と仰った。その植物はヨモギつまりフーチバーであった。続いて、居酒屋に貼られた魚の和名と方言名を併記した写真付きのポスターを見ると、ハマフエフキには沖縄と同じ「タマン」と方言名が表示されていた。

次に、当地で買い求めた大江正康氏の著書『対馬の海岸墓地から神々誕生』には、海から祖霊神が上陸する聖地を遙拝《ようはい》する場所として複数のヤブサ神社のことが記されていた。南城市にも海中に立つヤハラヅカサや、浜川御嶽《はまがーうたき》の遙拝所の役割もあるのではないかと考えられる藪薩《やぶさつ》御嶽がある。直線距離でおよそ九〇〇キロメートルも離れた対馬と沖縄。これらの言葉は北の対馬から沖縄に伝わったか、或いは南の沖縄から対馬に伝わったものか門外漢には今でも判然としないが、何とも不思議な繋がりを感じたものだ。

その対馬と朝鮮半島とは指呼の距離にある。そういえば『朝鮮王朝実録《ちょうせんおうちょうじつろく》』には、朝鮮国に滞在していた琉球国山南《さんなん》王が客死したとの記事がある。琉球国中山《ちゅうざん》王に追われて朝鮮にやって来たらしいのだが、程なくして亡くなったという。一四世紀に遠く故郷を離れた異国で人生を終えた沖縄人《うちなーんちゅ》もいたのだ。同じ史料によれば、当時の沖縄には朝鮮の人々が居住して沖縄人と婚姻したとの記録もあるから、沖縄と朝鮮半島との交流は思いのほか活発だったのかもしれない。

また、鹿児島を旅した時は沖縄の「テーゲー」に相当する「テゲテゲ」という言葉に出会ったし、良い男を意味する「ヨカニセ」のニセはもちろん「ニーセー」である。これも鹿児島から沖縄に伝わったものか、その逆なのかは分からないが不思議なことである。そういえば『家譜』によれば、自ら願い出て島津軍の一員となり、武士の装いを許され兵卒を与えられた王族級の高級士族がいた。実際に戦場に赴くことは無かったようだが、沖縄人が戦国時代の戦場、しかも大坂の陣へ出馬する寸前の状況にあったのだ。己酉《きゆう》の乱後であっても、沖縄と鹿児島との関係もまた存外に緊密だったのだろう。このように本土と沖縄、とりわけ九州やその先にある朝鮮とは近い関係にあったのだ。

そして西に目を向けると大陸がある。一四世紀後半から明《みん》国や清《しん》国はこの小さな島に使者を派遣し続けた。その中の冊封使《さくほうし》が著した『使琉球録《しりゅうきゅうろく》』において、慶良間《けらま》列島に馬歯山《ばしざん》との異称が記されている。ところで『諸橋《もろはし》大漢和辞典』には、「馬歯長」について「馬の年の長じたもの」と出ており、すなわち馬歯には年老いた馬という意味がある。慶良間の島々を船上から眺めたとき、馬歯の名の由来がわかったような気がした。

渡嘉敷《とかしき》島と周辺の島々は、夏の日差しを受けると、島を組成する黒い岩と黒緑の灌木と独特の地形とがダイナミックで深く鮮やかな陰影を浮かびあがらせる。殊に、黒島の島影は秀逸特異で、北側には鞍型の二つのピークがあり、南側は丸っぽく柔らかい印象だが急な角度で海に落ち込んでいる。この稜線こそ痩せて浮き出た背骨、そして稜線から落ち込む深い谷と、その谷によって形成された鋭い岩尾根筋は連続する肋骨の如く、まさに老馬がうずくまっている様子なのである。

使者の船は右手に慶良間の島々を見て、那覇港に入る航路を通る。本島に近づくと列島からやや北側に突き出す黒島を見たはずである。最初に使者を出迎えたのは、北に向かって悠然と構える老馬だったのであろう。外国人達はこの島を見て、慶良間を「年老いた馬」を意味する馬歯と呼んだのではなかろうか。

このように沖縄は、本土や外国の多種多様な人々が行き交う海上の交差点、海のアジマーであった。北から西から多くの人々が来訪し、北へ西へと旅立った数多《あまた》の人々の中には異国で生を終えた者もおれば、逆もまた然りである。その過程で夥《おびただ》しい文物や情報、人々の考えが行き来しては、時にはそれが根付き、或いは変化し、または消え失せ、長い時間をかけて重層的に形成されたのが沖縄の文化なのであろう。

本書に掲載した碑文は、現代へと続く沖縄文化の揺籃期《ようらんき》における様相を示している。明《みん》国の禅僧が撰んだ碑文を皮切りに、明国の使者、本土の禅僧、王の使者、王府の三司官《さんしかん》、最後は地元士族出身の僧侶が刻んだ碑まで、およそ二百年余の歳月を費やして、撰文の主体が外国人から本土人、ついには沖縄人へと変化してきたことが見てとれるのだ。

そして古琉球期《こりゅうきゅうき》から四百年を経た二一世紀の今日《こんにち》。首里の町にはモノレールが走り、道路の改良が進んでいるものの、一歩住宅地に足を踏み入れると、そこは一八世紀に描かれた『首里古地図』が表示する道路網を驚くほどそのままに残している。そのあちらこちらに石碑が建って、今や遅しと後世の人々の訪問を待っているのだ。石碑が建っている場所は首里が中心になっているが、那覇や浦添にも及んでいるので、晴れた日にでも石碑巡りをして、古琉球時代を彷彿としては如何であろうか。

最後に、門外漢である私の著書の出版を再び快く引き受け、様々なアイデアやアドバイスを下さり、また、最初に原稿を託した日から七年もの長い時間、筆の遅い私の原稿の手直しを気長に待って頂いた榕樹書林の武石和実社長には心からの謝意を捧げたい。ありがとうございました。

令和六年春

諸見友重

今年春、原田禹雄《はらだのぶお》先生が逝去された。多くは言うまい。我が師、我が厳父、我が慈父の如くに導いて下さった先生の御霊に、この小著を捧げ奉る。

令和六年中秋

底本と凡例

（1）紹介する碑文

古琉球期[1]に刻まれた石碑を中心に、首里城の石の欄干や梵鐘に刻まれた銘文などをあわせて二六の金石文を建碑年順に紹介する。

（2）底本

本書は、沖縄県教育委員会『金石文―歴史資料調査報告書V―』（一九八五年）を底本として、『琉球國碑文記の定本作成の研究』（塚田清策、一九七〇年、学術出版会）、『琉球国碑文記　別巻第一巻　東恩納本（甲）』（塚田清策、学術出版会、一九七〇年）、『琉球国碑文記　別巻第二巻　東恩納本（乙）』（塚田清策、学術出版会、一九七〇年）、塚田清策『文字から見た沖縄文化の史的研究』（一九六八年、錦正社）、『東恩納寛惇全集6　琉球人名考』（第一書房、一九七九）及び沖縄県立図書館貴重資料デジタル書庫（http://archive・library・pref・okinawa・jp/）に掲示された石碑拓本を参照しながら訳文を作成した。

金石文本文原文は本書では集録していない。原文を見てみたい人は、底本としてあげた本を読んでいただきたい。いずれも入手困難であるが、沖縄県立図書館、琉球大学図書館等、主だった図書館で閲覧できる。

（3）凡例

A　訳文

（ア）現代語に訳したが、可能な限り原文の調子を残すことにつとめた。

（イ）訳文中の【　】書きは石碑の頂部に刻まれた題名を示す。

（ウ）碑文中の人物の言葉は「　」書きとした。

（エ）訳文中の［　］書きは文意が取りやすいように訳注者が加えた。

（オ）訳文中の（　）書きは中国年号に接続するときはその西暦をあらわし、年号干支に接続するときはその年号の年をあらわし、「これ」などの指示語や名詞に接続するときはその内容をあらわしている。

B　注

（ア）各石碑ごとに注番号を付した。

（イ）同一語を再記することがある。

C　写真

沖縄県立博物館・美術館所蔵写真及び『琉球建築』所載の写真以外の写真は訳注者の撮影によるものである。

1　石碑の基本的事項

（1）石碑の規格と形状、及び材質について

まず、碑身《ひしん》について述べる。碑身とは碑文が刻まれた部分のことで、古琉球における石碑の形状の多くは原石を板状に加工しており、碑身頂部つまり碑首は半円状に整形した円首である。

次に、碑座《ひざ》について述べる。第二尚氏王家の陵墓玉陵《たまうどぅん》にある『たまおとんの碑文』の碑身は方形状の碑座つまり台石に載せられている。那覇市首里山川にある金武御殿《きんうどぅん》の墓にある『本覚山碑文』の碑身も方形状の台石に載せられている。古琉球の石碑の多くは、同様に方形状の台石に載せられていた。

最後に材質について述べる。多く石碑の材質は、輝緑岩、細粒砂岩を用いて碑身を加工しているとされる[2]。

（2）紋様と碑額など

古琉球時代の石碑の多くには、碑文が刻まれた部分を囲むように二重に枠線が引かれ、その枠線の間に唐草文様が刻まれている。そして、碑首の部分には瑞雲と呼ばれる美しい雲型の紋様、瑞鳥である鳳凰及び日輪（『金石文』は日輪ではなく別の用途目的の可能性もあるとする[3]。）が刻まれる場合がある（扉参照＝円覚禅寺記より）。石碑によっては、碑首の部分に碑額を設けて、横書き又は縦書きでその石碑の題名を刻んでいる場合もある。

(3) 碑文の書式

文書の書式に、敬意を示すため貴人や相手の名前又は敬称を、行を改めて次行の先頭に書くことを擡頭《たいとう》という。本文と同じ高さに擡頭するのを「平擡頭《へいたいとう》(平頭《へいとう》抄出《しょうしゅつ》すなわち平出《へいしゅつ》)」、一字上へあげることを「単《たん》擡頭」、二字上げることを「双《そう》擡頭」という。本書が扱う碑文原文において、「皇帝」や「太祖」など中国皇帝をあらわす単語などは双擡頭している。「今上」など琉球国王をあらわす単語は単擡頭している例もある。「王舅」など平擡頭している例もある。

次に、人名等の敬うべきものに対して、その上一字或いは二字を欠いて空にする形式を闕字《けつじ》という。

2 これまでの碑文研究

浅学のため古琉球の石碑の研究に関する本の全てを紐解いた訳ではないが、知り得る限りを記してみる。まず、東恩納寛惇は明治四二年に発行された『大日本地名辞書』において、『かたのはな碑』の訳文、『やらざもりぐすくの碑』の意訳文及び『ようとれのひのもん』の訳文を記述している。これが石碑研究の嚆矢でなかろうか。その後、前著を改訂増補して昭和二五年に発行された『南島風土記』において『かたのはな碑』の訳文、『浦添城の前の碑』の注解及び『ようとれのひのもん』の注と訳文を載せている。

次に、伊波普猷は明治四四年に発行された『古琉球』所収の「琉球文にて記せる最後の金石文」において、浦添ようどれの前に建っていた『ようどれのひのもん』を取り上げている。石碑の建立目的と時代背景を述べた上で訳解を試みるとして、訳文とその解釈を記述している。

次に、塚田清策は昭和四〇年に発行された『沖縄文化の研究』や昭和四三年に発行された『文字から見た沖縄文化の史的研究』において、石碑や鐘銘を取り上げ漢文や和文の解釈の方法を詳説している。これが、沖縄における初の本格的な碑文研究ではなかろうか。塚田は続いて昭和四五年に発行された『琉球国碑文記の定本作成の研究』において、古琉球から近世にかけて刻まれた碑文を網羅して掲載している。その第一編において各碑文を簡潔に紹介し、その第二編において全ての碑文に頭注を付し、簡単な語注や東恩納本琉球国碑文記甲乙本間の異同を記している。また、漢文には訓読ができるように句読点、返り点、送りがなを付している。

次に、昭和六〇年に沖縄県教育委員会によって発行された『金石文—歴史資料調査報告書Ⅴ—』は、石碑のみならず鐘銘や石棺銘などを網羅して多くの写真資料や拓本が掲載され、著名な研究者によって解説が付されている。

最も新しいと考えられるのは、高橋一美の『おきなわの「かみんちゅ」たち』ではないか。同書は女性祭祀の考察が主題であるが、祭祀の史料として尚真王代、尚清王代及び尚寧王代に仮名文字で刻まれた石碑を掲載している。各碑文について、碑文の大意を記述した上で背景や様式、語訳など詳細な解説を加えている。

3　石碑と歴史書とで異なること

首里界隈を歩いていると不意に石碑に出くわす。例えば、那覇都市モノレールの首里駅から首里城に向かって歩いていると、首里城上の毛《うぃぬもー》側の歩道上に『国王頌徳碑（かたのはなの碑）』は建っている。この碑文は、第二尚氏王朝第四代尚清王の治世に、聖地弁ヶ岳への道を改良したことを伝えているものである。表は仮名文で、裏は同様の内容を漢文で記している。

ところで琉球には、王府が編纂した『中山世鑑《ちゅうざんせいかん》（一六五〇）』や『中山世譜《ちゅうざんせいふ》（一七二五）』、『球陽《きゅうよう》（一七四五）』などの歴史書や『琉球国《りゅうきゅうこく》由来記《ゆらいき》（一七一三）』や『琉球国旧記《きゅうき》（一七三一）』などの地誌がある。『世鑑』の内容を要約すると、神代から始まって、一一八七年に即位した舜天王の治世を経て、一五五五年に逝去した尚清王までの歴史を述べている。

編纂を担当した向象賢《しょうぞうけん》羽地《はねじ》按司《あんじ》朝秀《ちょうしゅう》は当時三三歳であり、向象賢が自ら経験した「歴史」は僅か三〇年程の事に過ぎない。『世鑑』を編纂した年を遡ること約百年前に亡くなった尚清王のことでさえ、向象賢にとっては遥か彼方の出来事であったはずだ。その約四五〇年前の舜天王のことなど、二一世紀に生きる私達からすると、丁度尚清王の治世に起こった事を著述することに等しいのである。編纂作業が如何に困難な事業であったかこの一点からも窺われよう。そのことは、今からおよそ三七〇年もの昔に編纂された歴史書であろうとも、ある事象が起こってからかなりの時間が経過した後に、「歴史」として書かれた

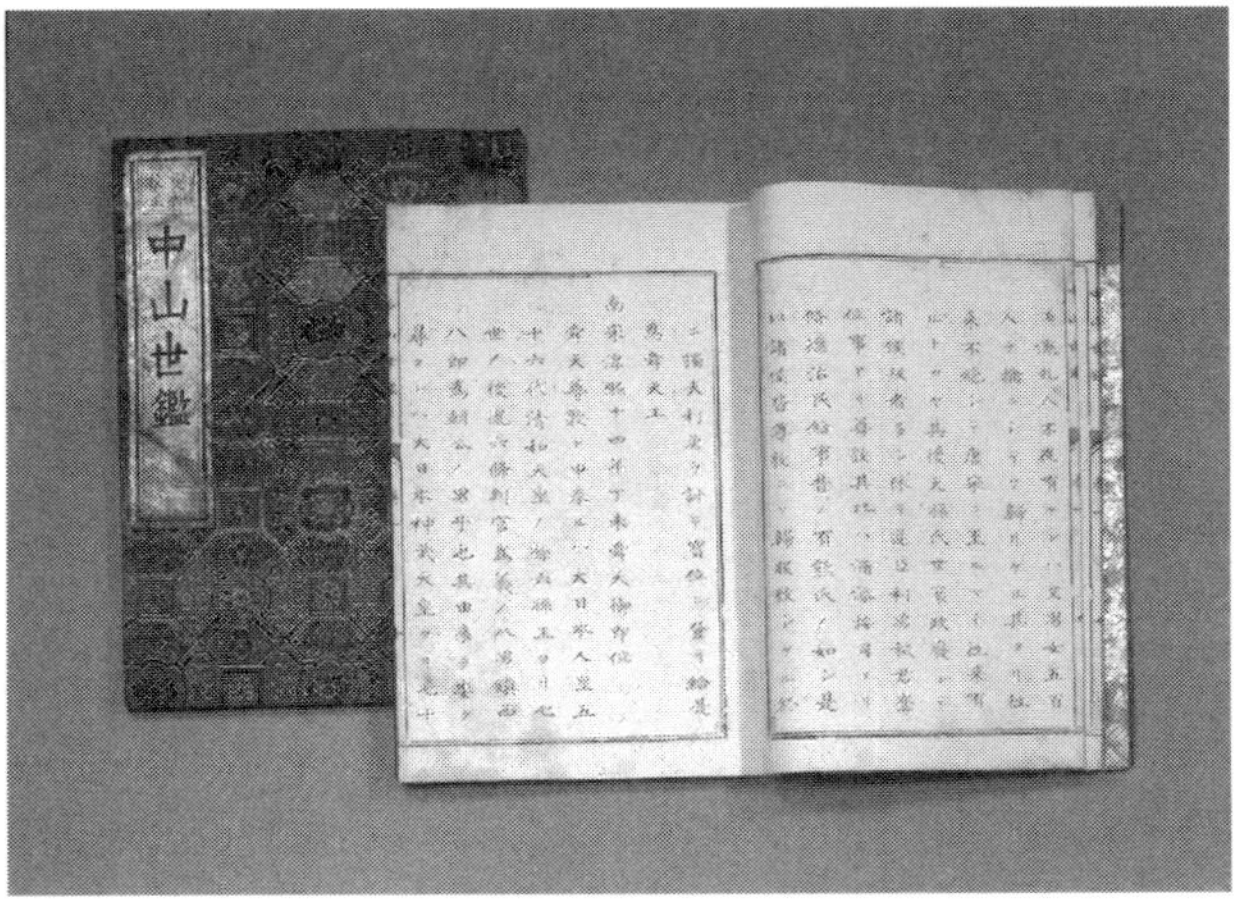

中山世鑑（沖縄県立博物館・美術館所蔵）

ものであるということを認識しなければならない。

しかし、先ほど紹介した石碑は、当時「雨が降ると弁ヶ岳への道はたちまちぬかるんで通交が不能となったこと」、一五四三年二月二十日から「国王の命を受けて官人から庶民にいたるまで力をあわせて道を工事したこと」、同年六月二三日に完成し「石で補修し松を植えたので素晴らしい道になったこと」、「王は多くの褒美を与えたので、臣民は王の万歳を祈ったこと」、同月二四日に「竣工式に王と聞得大君とが来臨して道の完成に祝福を与えたこと」など、実際に起こったことを同年八月に行政の最高責任者である当時の三司官が連名で刻んでいるのだ。

如何であろう。石碑と先ほどの歴史書との違いは歴然であろう。この石碑に刻まれていることは、道路工事の起工から約半年後に記された同時代史料なのである。

4　石碑の造立目的

石碑に碑文を刻む理由は、造物記念や風景の美しさ、或いは禁止事項及び時の国王を賛美することを、当時の人々そして後世の人々に知らしめるためなのである。これが、固く容易に変化しない石に碑文を刻んだ金石文たるの所以であろう。

例えば一四九七年に建てられた『万歳嶺記』は「その美しさを石に書いて刻んで後世の人々に残す」と文が結ばれている。この言葉は、碑文を刻んだ一四九七年八月から遥か五百年以上の歳月を超えて、他でもない今日を生きる私達に語りかけているのである。今日の状況は一四九七年に生きていた人々からすると全く思惟の外であったろうし、それはまた私達が五百年前の過去を思うときも同様である。しかし、今日もなお、当時の人々と後世に生きる私達とは、石碑に刻まれた碑文によって結びついている。風景や社会、政治状況が全く変わっていたとしても、この島に生きた祖先達が固い石に刻んでまで遠い未来へ伝えたかった事柄なのであるから、現代に生きる私達が一見一聞する価値は大いにあると思っている。

石碑は現存しているもの、先の第二次世界大戦で破壊されたもの、破壊されたが復元されたもの、行方不明になっているもの等様々であるが、本書では一四二七年の『安国山樹華木之記』から一六二〇年の『極楽山碑文』まで、おおむね古琉球時代（一六〇九年まで）に建てられた石碑の碑文を現代語訳して紹介する。

写真や関係資料を活用して、建碑当時の状況が可能な限り想像できるようにしたつもりだが、誤訳や不足しているところはご批判をたまわりたい。また、参照した文献は明記しておいたので、興味がある方は是非紐解いて頂きたい。

（注）

1　沖縄の歴史時代の区分名で、『沖縄大百科事典（中巻）』一五七頁によれば、三山時代から第二尚氏王統の薩摩侵入までの、一四世紀前後から一七世紀初頭までの時期を指すのが普通という。

2　『金石文―歴史資料調査報告書Ⅴ―（一九八五年）』（沖縄県教育委員会編、一九八五年）各石碑の頁参照。

3　『金石文―歴史資料調査報告書Ⅴ―』四頁参照。

5　偶感雑感《ぐうかんざっかん》寸感について

本書には七編ほど「偶感雑感寸感」と題したコラムを掲載している。この題名は「ふと思いついた感想」という程の意である。これまで読書してきた中で、疑問や違和感を覚えたことが幾つもあった。それに対して自由な発想で思いついた考えが本書に掲載したコラムである。例えば次のようなものだ。『中山世鑑《ちゅうざんせいかん》』を重ねて読んでいるうちに、これまで疑問に思っていた世鑑の編纂が何故、中途半端に終了したのか、に対する答えが仄《ほの》見えてきた。これについて自由な私見を述べてみたい。

世鑑は、総論において編纂者向象賢《しょうぞうけん》が仕えた第十代尚質《しょうしつ》王まで記述しているにも関わらず、本紀は第四代尚清《しょうせい》王までしかなく、しかもその父尚真《しょうしん》王紀が欠落しているのである。これまで、研究者が様々な説を提示してきたが、定説は出ていない。

では、世鑑に先述の王紀が記されなかった理由とは何か。まず、世鑑は編纂動機として、「古《いにしえ》から無かった世系図を編纂すること」を挙げている。加えて読者に対して、王家が滅亡する原因は行った政治に起因しているので、「殷《いん》の鑑《かがみ》は遠からず」、すなわち第二尚氏《しょうし》王家は第一尚氏を手本とせよ、と説いている。それだから、世鑑は全編を通して易姓革命《えきせいかくめい》の思想に基づき王朝交代が描かれているのだ。易姓とは天は徳の高い姓《せい》に王位を与えるが、徳が衰えれば別の家に変更する、つまり姓を易《か》えて天命を革《あらた》めるのだ。よって世鑑では、天命を受けた各王朝の英明な始祖王と、易姓される暗愚暴虐な最後の王がいれば足りるのである。

源為朝《みなもとのためとも》の子舜天《しゅんてん》、天帝の子英祖《えいそ》、天女の子察度《さっと》、英雄尚巴志《しょうはし》が有徳《うとく》王であり、飢饉を招いた義《ぎ》本《ほん》、三山《さんざん》分裂を招いた玉城《たまぐすく》、酒色に耽った武寧《ぶねい》、暴虐な尚徳《しょうとく》が不徳王である。この物語は、有徳王と不徳王の出現を繰り返しながら王朝が変更され、最後に文王や武王に比肩され、人民に推載されて王位に選挙される第二尚氏の始祖尚円《しょうえん》の即位でクライマックスを迎える。殷鑑不遠《いんかんふえん》を説くのであれば、物語はここで終わるのが自然である。これこそが、尚真等の王紀が記されなかった理由ではなかろうか。

つまり、世鑑編纂の視点が易姓革命による王朝交代に注がれ、最終的に第二尚氏が王朝を開いた理由を述べるために物語が描かれているのだから、実質的な二代目である尚真以降の王紀を語る必要は無かったのであろう。

次に、その世鑑に尚清王紀の巻五がある理由を考えてみたい。実は一七一九年に来琉した冊封使《さくほうし》徐葆《じょほ》光《こう》が著した『中山伝信録《ちゅうざんでんしんろく》』において、「尚宣威《しょうせんい》以前のことを抄録した『中山世鑑』と名付けるものがあった（原田禹雄訳）」と記している。徐葆光が見た世鑑には巻五は無かったのである。同書を訳注した原田禹雄氏が「もとの世鑑は尚宣威までで終了しており、後代、尚清の部分が加筆されたと推測される」と、注を付している。

最後に整理するのは、尚円王紀の後に何故尚宣威王紀があるのかということである。それは、一旦王位が尚円から弟尚宣威に継承されると、次の王位継承者は尚真ではなく尚宣威の子達が最有力候補となるからであろう。尚宣威が即位する年にその次男は二二歳、長男はもっと年上だ（生年は不明）。まだ一三歳の尚真よりも王位に相応しいだろう。そこで、神託によって尚宣威を追放して、尚真が神に認められた正統な後継者であることを印象付けたのではないか。その後尚宣威の家系に王位は戻らないから、これは政変といってもよい。この神女の退位勧告説話が無ければ、尚宣威の子孫や臣下に対して尚真の王位継承の正統性が確保できなかったのではないか。

と、本書のコラムはこのような自由な思いつきや発想で書いているので、手前勝手な内容になっている可能性があることを読者には予めお詫びしておきたい。

目次

1 安国山樹華木之記《あんこくざんじゅかぼくのき》（尚巴志王六年・一四二七） 23

2 大安禅寺碑記《たいあんぜんじひき》（尚巴志王九年・一四三〇） 30

3 千仏霊閣碑記《せんぶつれいかくひき》（尚巴志王一二年・一四三三） 37

4 旧首里城正殿銅鐘／万国津梁の鐘（尚泰久王五年・一四五八） 44

5 萬歳嶺記《ばんざいれいき》（尚真王二一年・一四九七） 50

6 官松嶺記《かんしょうれいき》（尚真王二一年・一四九七） 57

7 圓覺禅寺記《えんかくぜんじき》／荒神堂之南之碑文《こうじんどうのみなみのひぶん》（尚真王二一年・一四九七） 62

8 國王頌徳碑《こくおうしょうとくひ》／荒神堂之北之碑文《こうじんどうのきたのひぶん》（尚真王二二年・一四九八） 69

9 サシカエシ松尾《まつお》ノ碑文（尚真王二五年・一五〇一） 79

10 円覚寺松尾《えんかくじまつお》之碑文（尚真王二五年・一五〇一） 86

11 たまおどんのひのもん（尚真王二五年・一五〇一） 89

偶感雑感寸感① たまうどんの被葬者の謎 96

12 百浦添之欄干之銘《ももうらそえらんかんのめい》（尚真王三二年・一五〇八、尚真王三三年・一五〇九） 98

13 そのひやふの御嶽の額の字（尚真王四三年・一五一九） 108

14 眞珠湊《まだまみなと》碑文（石門《いしじょう》の西のひのもん）（尚真王四六年・一五二二） 110

偶感雑感寸感② 女性神官聞得大君と君々と 121
15 國王頌徳碑《こくおうしょうとくひ》／石門《いしじょう》之《の》東《ひがし》之《の》碑文《ひぶん》（尚真王四六年・一五二二） 127
16 王舅《おうきゅう》達魯加禰《たるかね》國柱大人《こくちゅうたいじん》壽蔵《じゅぞう》之銘《のめい》（尚真王四九年・一五二五） 133
17 崇元寺《そうげんじ》下馬碑《げばひ》（尚清王元年・一五二七） 139
18 一翁寧公《いちおうねいこう》之碑（尚清王一三年・一五三九） 142
偶感雑感寸感③ 奄美大島で交錯する二つの馬氏 147
19 国王頌徳碑《こくおうしょうとくひ》／かたのはなの碑（尚清王一七年・一五四三） 151
20 新築石墻記《しんちくせきしょうき》／添継御門《すえつぎうじょう》之北之碑文（尚清王二〇年・一五四六） 162
21 新築石墻記《しんちくせきしょうき》／添継御門《すえつぎうじょう》の南のひのもん（尚清王二〇年・一五四六） 169
22 やらさもりくすくの碑（尚清王二八年・一五五四） 175
23 君誇《きみほこり》之欄干《らんかん》之記《のき》（尚元王七年・一五六二） 184
偶感雑感寸感④ 三司官の系譜・尚元王の童名 189
24 広徳寺《こうとくじ》浦添親方《うらおそいおやかた》塚碑《つかひ》（尚寧王九年・一五九七） 194
偶感雑感寸感⑤ 広徳寺浦添親方の正体と梅岳 198
25 浦添城《うらおそいぐすく》の前の碑文（尚寧王九年・一五九七） 203
偶感雑感寸感⑥ 特異な王家 215
26 極楽山《ごくらくざん》の碑文（尚寧王三二年・一六二〇） 219
偶感雑感寸感⑦ 琉球の王権神話の変遷 229

金石文関係系図

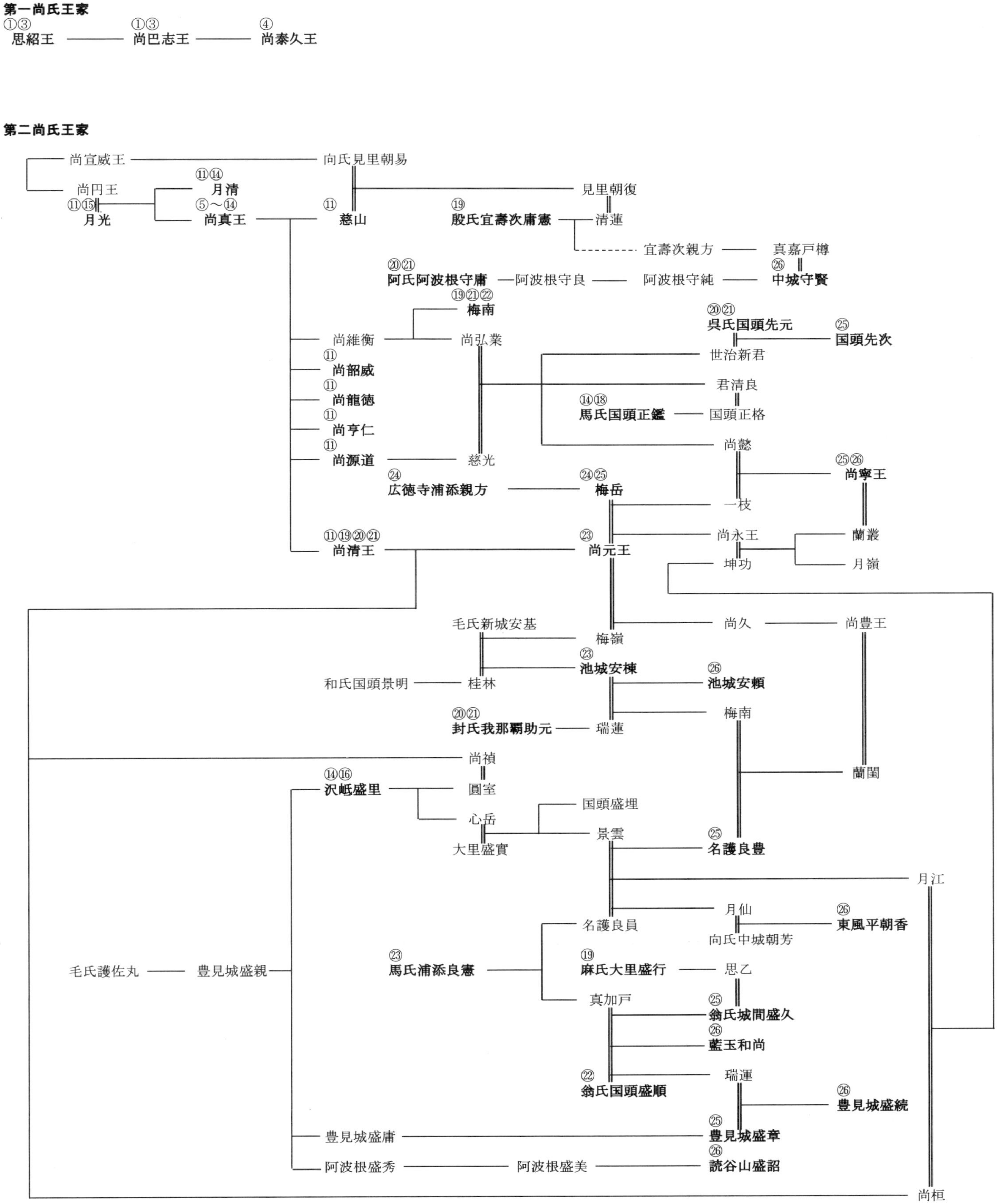

※太字は本書に登場する人物で、○番号は目次における石碑の番号
※女性は道号、童名或いは神女名のうち判明しているものを表示した。

1　安国山樹華木之記《あんこくざんじゅかぼくのき》　尚巴志《しょうはし》王六年（宣徳二年・一四二七）

「國相懐機《こくしょうかいき》、王命《おうめい》を奉《ほう》じて天京《てんきょう》に朝《あした》す」

―三山分立の琉球を統一に導く王と王相は、統一戦の前に王城の偉容を整えた―

〈所在地〉

安国山樹華木之記の石碑は、園比屋武御嶽石門《そのひゃんうたきいしもん》の裏側にあった。先の第二次世界大戦によって傷付き、現在は沖縄県立博物館美術館に収蔵されているこの石碑は、琉球で最も古いとされている。沖縄県教育委員会編『金石文《きんせきぶん》』によると、規格は高さ一一四・五センチ、幅七八・八センチ、厚さ一〇・三センチである。[1]漢文で刻まれている。

また、『琉球国由来記《りゅうきゅうこくゆらいき》（以下「由来記」）』に「この御嶽《うたき》の裏に、尚巴志《しょうはし》王治世の宣徳二年に安国山樹華木記の石碑が建てられたが、年を経て長く久しいため、文字を読むことができない」と記されている。[2]

なお、訳文中の□は原文において文字が欠落している箇所であり、ゴシック体の漢字は、文字欠落の結果、現代語に訳すことができず、原文のまま表示している箇所である。これにより、読み難い文章となっていることについては、あらかじめお詫びする。

1　『金石文―歴史資料調査報告書Ⅴ―』（沖縄県教育委員会編、一九八五）三九頁参照。

2　琉球国由来記について本書では琉球史料叢書を参照した。同書一五三頁参照。

〈建立の目的〉

碑文全編を通して、国王尚巴志《しょうはし》の使者として中国に赴いた懐機《かいき》が、その山川の素晴らしさに感動して安国山《あんこくざん》公園を築いたこと、及び安国山に植えられた樹花木の美しさを称えて、後世の人々に対して安国山を築いた目的を知らしめるために石碑を建立したことを刻んでいる。

ところが、最後半は一転して、恐らくは皇帝の使者柴山《さいざん》ではないかと思われる人物の筆を借りて、当時の国王尚巴志ではなく、国相《こくしょう》懐機の人徳と功績とを褒め称えて碑文は締め括られている。懐機の権勢の大きさが感じられる碑文である。

〈訳文〉

【安国山樹華木之記《あんこくざんじゅかぼくのき》】

安国山樹華木記である。

琉球は国が分かれて三つとなった(1)。中山はその真ん中に都を定めた。風習は誠実を貴び信義を重んじていた。

漢や唐の時代より現在にいたるまで、中国□□□方物《ほうぶつ》(2)を貢いで、航海は絶えることがなかった。

大明皇帝はその忠勤をお褒めになり、格別に衣服と冠と印章とを賜り、□諸外国、使者に宴を賜った。

永楽丁酉《えいらくていゆう》(一五年、一四一七)、国相(3)の懐機《かいき》は王命を承り(4)、都で天子に謁見した。中国の礼儀と音楽の制度が盛大なる様子を観察し、名高い山や大河の盛大なる様子を観察して、直ちに帰還した。

「琉球の」五穀はよく実り、民は喜び和らいでいた。そこで、すぐさま王城外の安国山(5)の北に池を掘って［山を］一層高くし、［安国山の］南に物見台と高殿《たかどの》を築いて、これを政務の合間の休息所とした。

山には、松、柏、槭《しゅく》、櫧《しょ》(6)□□花と果物、薬の材料となる木を植え、水には、美□青々としたアシの種類で満たして、いまなお飽きない眺めとした。

そこで、珍しい花、芳しい草花、よい果実、優れた木、豊かな樹を諸国に□求し、□□間、肥えた土地で培い、慈しみの雨で潤し、歳月をかけて［成長を］積み重ねたので、喜びの花が開き、草木が盛んに繁茂した。

青葉の木陰は、さざ波のような薄絹に紅や紫が入り交じって、美しい織物のように広がり、なんと目を驚かせることか。

匂い立つ油は固まり集まって、芳しい香りが立ちこめ、蘭は茂ってその香りは風に漂い、なんと人を幾重にも包み込むことか。

鳥類は□集、□□其羽□□其鳴□ともに奏でれば笙《しょう》の［笛を吹く］大きな広間となったのだ。

群れた魚は遊泳し、□鬐□□□□尾を振り、三尺□而金□□也。

或いは、□日弄晴雨□午清、月夜の露は□霽、沈む夕日は鮮やかに輝く。

霜が現れて、もの悲しく心に迫る冬の寒い景色も、一年中ほぼ南陽(7)の一日に近い□□□□同□□物、趣きもまた尽き果てることはない。

立派な客はこぞって集まり、国中の人々は従った。

□臻激越□□□昔、宴はたけなわ□□□□□□□

それぞれが満たされるところに行き至り、其衆胥民先志久等日(8)。

我らは恐れ多くも先祖の遺した事業を継承した。
□、日夜、国の政治を助け□□□有□□無。めぐみは民に及んだ。
これは、ことごとく太平の世に遭遇し、聖天子(9)が人民を感化するめぐみ深いお考えを述べられたからなのである。国君は寛大に民を治め□□□□上も下も共に安らかで□戦乱や災害などは無い。

而□種、花や果物を植えたので、余暇の日に国の人々と遊覧して集まり、酒宴を楽□。今、その文で□朗にせねばなるまい。

そうであるので、地□は日々益々新たに、花や木々は日々益々生い茂る。盛んなる者が時に舞い、老いたる者が時に歌う。行く者は過ぎ去ろうとも、来る者は果てることは無い。

之□ために記した。

これより後、[高殿に]登り[安国山の]風景を眺めて酒宴を楽しむ者に、木々の植栽を始めたのは我らであることを不足無く知らしめるのだ。

「私がどうして(10)行わないことがあろうか。吾來申□名士之文。□文後、石に刻み、宣徳丁未《ていび》の年の志久等来旨。□物泊□峴城(11)。その事を述べて、そうして請うた」

「私は思う(12)。中山の国相は忠実でつつしみ深い心で上[は国王]に仕え、思いやりと慈しみの心で民をいたわっている。国中の人々とともに共□、文学や芸術を好み親しんでいる。立派な徳を忘れなければ、国は朽ちることなく来世に伝わるであろう。才能と徳を持った人でなければこのようなことができるであろうか。これは喜ぶべきことである。そこでこのために書くのだ」

宣徳二年(一四二七)丁未《ていび》の年の八月一六日(13)、安陽(14)の澹菴倪寅《たんあんげいいん》が記した。

（1）**琉球は国が分かれて三つとなった**　一四二七年当時の琉球国中山王府の認識として、元々一つだった国が分かれて三つとなったと記す。

（2）**漢唐の時代より現在にいたるまで…方物を貢ぎ**　これは文飾であろう。『蔡温本中山世譜（以下「蔡温本世譜」）』によれば、最初の琉球国王舜天が即位したのは、中国では宋王朝、日本では鎌倉時代の初め頃*である。

＊蔡温本中山世譜について本書では『琉球史料叢書　四』「中山世譜」（横山重編、一九七二、東京美術）を参照した。同書「中山世譜」三一頁参照。

（3）**国相**　明王朝の職制に国相というのはないが、『『明実録』の琉球史料（一）』の注において、琉球の国相と王相は同義であろう*、とする。

＊明実録について本書では『『明実録』の琉球史料（一）』（（財）沖縄県文化振興会、和田久徳、池谷望子、内田晶子、高瀬恭子訳注、二〇〇一）、『『明実録』の琉球史料（二）』（二〇〇三）、『『明実録』の琉球史料（三）』（二〇〇六）を参照した。（一）の八〇頁参照。

（4）**永楽丁酉（一五年、一四一七）、国相の懐機は王命を承り**　『明実録』に中山王思紹が長史の懐機を遣わした記事*がある。

＊『『明実録』の琉球史料（一）』五一頁（八四）参照。

（5）**安国山**　龍譚池の南西側から園比屋武御嶽石門にかけて広がり、急激にかけあがる斜面一帯のこと。『首里古地図』*と現在の地図とを比較すると、安国山の南西側は学校敷地となっている。安国山の北に掘った池というのはもちろん龍潭池のこと。

＊一八世紀前半に作成された首里城下の市街地図のこと。沖縄県教育委員会編「琉球国絵図史料集　第3集」として榕樹書林から刊行されている。

（6）**松、柏、槭、櫧**　松はマツ科の針葉樹のこと。柏はブナ科の落葉木のこと。槭は紅葉する落葉高木で楓カエデの仲間。櫧はブナ科の常緑高木の樫カシのこと。

現在の龍潭池周辺には、リュウキュウマツやガジュマル（クワ科）、サクラ、チシャノキ（ムラサキ科）、ハマビワ（クスノキ科）、アカギ（トウダイグサ科）など多くの植物が繁茂している。

（7）**南陽**　河南省の南陽。気候穏やかな土地であるという。南陽と同じく河南省安陽の出身である澹菴倪寅が、整備された安国山が気候のよい南陽と同じになったと評した。

（8）**胥民先志久等日**　「先志」には志を第一とするの意があって、「久等」にはしばらく待つの意があるが、うまく訳せないので後考を待つ。また、末尾の「日」だが、「曰」の誤りか文脈とあわずよくわからない。

（9）**聖天子**　明の太宗（成祖）永楽帝のこと。

（10）**私がどうして…**　この文の主語である「余」は、この石碑を撰んだ澹菴倪寅のことであろう。澹菴倪寅が「名士之文を申□する」と述べるのは、その年の六月に来琉した皇帝の使者柴山に国相を称える文を依頼した、ということはないか。後接する原文「志久等来旨」のうち、「久等」にはしばらく待つの意が、「来旨」にはやって来た天子の命令の意があるので、「皇帝の書簡を国王に届けるのを待って」などとも訳すことも可能だ。そうであれば、書簡というのは柴山がもたらした『歴代宝案』[*]一の一の七にある皇帝の勅諭であり、柴山の言葉であろう次段の文につながっていく。しかし、うまく訳せないので後考を待つ。

＊歴代宝案について本書は『歴代宝案　訳注本第一冊』（（財）沖縄県文化振興会編、和田久徳訳注、一九九四）

と『歴代宝案　訳注本第二冊』（一九九七）を参照した。第一冊一一頁参照。

（11）**□物泊□峴城**　よくわからない。最後段の一人称「余」が前項のとおり柴山とすれば、皇帝の使者柴山が逗留したであろう那覇港近くの天使館あたりを指す地名か。

（12）**私は思う**　この「私」は、（10）で述べたとおりであれば、皇帝の使者柴山ということになる。尚巴志はその二年前に琉球国中山王の王位を授ける儀式（以下「冊封《さくほう》」）を柴山から受けているが、この時武寧や思紹が冊封時に下賜された皮弁冠服《ひべんかんふく》を賜っていなかったため、冊封の謝恩と同時に皮弁冠服の下賜を請うていた。それが、本年柴山によってもたらされた。

＊『歴代宝案　訳注本第一冊』四一六頁参照。

（13）**丁未の年の八月一六日**　原文「歳次丁未八月既望」。歳次《さいじ》とは歳星である木星の年回りのこと。木星は一年に天空を一次だけ移るので一年のことを龍集《りゅうしゅう》という。丁未は干支《かんし》による年の数え方。十干《じっかん》の甲《こう》、乙《おつ》、丙《へい》、丁《てい》、戊《ぼ》、己《き》、庚《こう》、辛《しん》、壬《じん》、癸《き》に、十二支《じゅうにし》の子《し》、丑《ちゅう》、寅《いん》、卯《ぼう》、辰《しん》、巳《し》、午《ご》、未《び》、申《しん》、酉《ゆう》、戌《じゅつ》、亥《がい》を組み合わせて六十年周期の干支によって年や月及び日を数えた。既望《きぼう》は満月である望を過ぎた日、すなわち一六日のこと。以後、元号に続く干支はそのまま残して丁未の年などと訳する。

（14）**安陽**　河南省にある。郊外には有名な殷墟がある。

2　大安禅寺碑記《たいあんぜんじひき》　尚巴志王九年（宣徳五年・一四三〇）

「之《これ》を捄《も》ること陾々《じょうじょう》、之を築くこと登々《とんとん》」

―大安禅寺を築くために、波の上に響く土を運ぶ人々の掛け声と、土を固める音―

〈所在地〉

この『大安禅寺碑記』は、郭汝霖《かくじょりん》『重編使琉球録《しりゅうきゅうろく》』、蕭崇業《しょうすうぎょう》『使琉球録』に掲載されているが、石碑はすでに失われている。拓本も残っていないので、早い時期に失われてしまったと予想され、どこに建っていたのかもわからない。漢文で刻まれていた。

前出両書を訳した原田禹雄《はらだのぶお》氏は、大安禅寺は現在の波の上護国寺《ごこくじ》の場所にあったという考えが有力である[1・2]、と述べている。海岸の南に築いた、などの記述からすると波の上あたりの地勢はよく合致する。

東恩納寛惇《ひがしおんなかんじゅん》は、広厳寺《こうごんじ》の西にある海南之寺が大安禅寺ではないか、と述べている[3]。

また、冊封使徐葆光《さくほうしじょほこう》は波の上にある護国寺の旧名が大安禅寺だと述べている[4]。

1　郭汝霖『使琉球録』について本書では郭汝霖『使琉球録』（原田禹雄訳注、二〇〇〇、榕樹書林）を参照した。同書一八四頁参照。

2　蕭崇業『使琉球録』について本書では蕭崇業『使琉球録』（原田禹雄・三浦國雄共訳注、二〇一一、榕樹書林）を参照した。同書二三一頁参照。

3　『東恩納寛惇全集7　南島風土記』（琉球新報社編、一九七九、第一書房）三八九頁参照。
4　徐葆光『中山伝信録』について本書では徐葆光『中山伝信録』（原田禹雄訳注、一九九九、榕樹書林）を参照した。同書三五四頁参照。

〈建立の目的〉

この碑文を記した柴山《さいざん》とは宦官《かんがん》である。宦官とは宮廷の事務を管理し、皇帝やその家族に仕えた者で、去勢された男性のことである。明王朝の永楽帝《えいらくてい》は宦官を重用したことで知られる。永楽帝の命により遠くアラビアまで遠征したとされる鄭和《ていわ》もまた宦官である。

この人物の特筆すべき点は、何と都合四度も琉球を訪れていることである。最初は洪煕《こうき》元年（一四二五）に尚巴志《しょうはし》を冊封《さくほう》するため[1]、二度目は宣徳《せんとく》二年（一四二七）で尚巴志に皮弁冠服《ひべんかんぷく》を賜る等のため[2]、三度目は宣徳五年（一四三〇）に砥石の買い付ける等のため[3]、最後は宣徳八年（一四三三）に皇帝から日本国王へ宛てた文書を携えてやって来たのである[4]。結局、最後の任務が不首尾に終わったため柴山は処罰された[5]。

琉球への旅は、冊封使《さくほうし》に任命されはしたものの、親の不幸などを理由に何とか渡海を拒む者が続出するほどの危険な航海である。このような琉球行を、たとえ皇帝の命令といえども柴山は四度も実行したのである。柴山によって刻まれたこの碑文は、文化の中心に存在すると観念していた中国人らしくその自負が文面に溢れ出ているが、『球陽』によれば私費でもってこの禅寺や千仏霊閣を築くなど[6]、何故か憎めない人物像を想像してしまう。

この石碑は、柴山三度目の来琉のときに困難を極めた往路の航海が仏に救われたことを感謝する目的で、おそらく那覇市波の上近くに、自ら率いてきた従者達を動員して大安禅寺を創建したことを記念して建立された。

1 『『明実録』の琉球史料（一）』五三頁（五）参照。
2 『『明実録』の琉球史料（一）』五四頁（一二）参照。
3 『『明実録』の琉球史料（一）』五六頁（三三）参照。
4 『『明実録』の琉球史料（一）』五八頁（六四）参照。
5 『『明実録』の琉球史料（一）』一〇五頁（六四）参照。
6 球陽について本書では『球陽　原文編』及び『球陽　書き下し編』（球陽研究會編、一九七四、角川書店）を参照した。原文編一七〇、一七一頁参照。

〈訳文〉

宣徳五年（一四三〇）、正使の柴山《さいざん》は命令を承って東の異民族［の地］に行った。東の異民族の地は福建の南を離れること数万余里、[1]船旅は日を重ねて、島と切り立った崖とは区別ができなかった。はっきりしない果てに、竜は巨大な高さの波を湧かして、大きな魚は雨の神の水面を膨れあがらせた。風と波に上下に揺られ、雪を巻き上げ藍色の海水が逆巻いた。［それらの］災難の全てを記すことはできない。

一たび天の風が起これば、たちまち深い霧がたちこめ、海水の大きな波が上下にぶつかりあう音が天空にまで響いたので、全軍［の将兵］は心から驚き、仏の名を天に叫んだ。しばらくすると、たちまち神の光が出現した。大きさは星のようで、帆柱の上高くに掛かっていた。光り輝いて照らす明かりは、まるで慰めるようであった。そうであったから、人々はみな互いに喜び、共に語り合った。

「これはまさに竜天(2)の庇護《ひご》であって、神仏の光なのだ。これはどうしたことか。全ては我らが［柴山］公が、仏を崇め奉り正義を好んで、主君への忠義と親への孝行を尽くし、高い徳を極められたからなのだ。」

一たび激しい波がおさまり、天の川の明かりが及ぶやいなや、南と北に峰が現れ、遠くから守り迎えてくれた。速い追い風に乗って航海すると、朝までにあっという間に着岸した。

程なく公務の合間に、岡と山とを登って選び、崖と谷とを下って調べた。そして要害堅固の地を手に入れて御仏《みほとけ》の光を安置する場所となし、危機を救って頂いた御恩に感謝したいと願ったのである。かくて、両手で水をすくい取って香りを嗅ぎ、海岸の南にある土地を手に入れた。山は巡って海は深く、道は方向を変えて林は密集し、辺りは清らかで芳しい香りが漂って、多少、沙羅双樹《さらそうじゅ》(3)の林に趣きが似ていた。

とうとう山を開いて平地となし、水を引いて池を造った。ひたすら土を掘ってもっこ(4)に積み、互いに声を掛け合ってつき固めて、百丈(5)の塀のある建物が完成し、四方に通ずる交差点を開いた。［建物の］中央に九重の蓮座《れんざ》(6)と金色の仏像を据えた。その上に南方火徳聖君《なんぽうかとくせいくん》(7)という火の神を祀り、その［建物の］前に石を積んで井戸を掘り泉を引いた。その［建物の］後ろ(8)には、道徳が備わっている僧に命じて寺を監督させた。［建物の］内には花卉《かき》を連ねて、外には椿《ちやちん》や松を増やした。そうして遥かなる山の景色を受け入れ、穏やかな海の水をくみ取って注げるようにした。

木の上や洞窟に住んでいる者にさえ、ことごとく［仏の］その徳を見ることができるようにしたのだ。

これこそ御仏《みほとけ》の恵みに報いる者が行うことなのである。

東の異民族と仏の国とは、天子の功績(9)によって今にも近づこうとしている。もとより、海の神が優れた人材を集める(10)ということはあった。この寺を建てて永遠に伝えて極まりが無いことにも、まことに理由があるのだ。

この寺を建てた人は誰あろう、中国の天子のご命令による正使の柴公なのであるぞ。

(総注)この碑文の原田禹雄氏の訳注が郭汝霖『重編使琉球録』一八二頁以降にある。

(1)**数万余里**　『球陽』一条*において福建と琉球の距離は一七〇〇里(約九七〇キロメートル)とされており、これが妥当である。

*『球陽　原文編』一五三頁参照。

(2)**竜天**　仏法を守護する八種の異類のうち、龍衆と天衆のこと。

(3)**沙羅双樹**　原文「双林」。二本ずつ対になっている沙羅の木。釈迦が亡くなったとき、床のまわりにあった四本の木が、釈迦を覆い白色に変化して枯れたという。

(4)**もっこ**　原文「捄之陾陾。築之登登」。もっことは、縄を網状に編んで、四隅に綱をつけ、土などを運ぶ道具のこと。これらの語は、もっこで土を運び、塀をつき固めるかけ声のことという。典拠は『詩経』大雅。

(5)**百丈**　原文「百堵」。堵は長さ一丈、高さ一丈の塀のことという。ただし、長さには幾つかの説がある。一丈は約三・二メートルなので、三二〇メートルの塀となる。そうすると一辺およそ八〇メートルの塀に囲まれた寺院だったか。

(6)九重の蓮座　原文「九蓮座金容」。蓮座とは、蓮の花に象った仏像が座する台のこと。蓮座は、上から蓮華、華盤などと九重に重ねられているので、このように訳した。

(7)南方火徳聖君　昔、中国において南方火徳聖君がある高僧の夢に現れて、その高僧が住持する寺を焼き払うとのお告げがあった。聖君が現れたその日、寺では聖君を歓待して寺を焼かないよう哀願した。聖君は怒って夢のお告げを公表した高僧を滅ぼしてしまったという故事により、その後、禅宗の寺院では南方火《こ》徳《て》星君《しんきん》を恐れて、仏殿に牌を安置して、毎月四日と一八日に祀るようになったという。[*]「上に」祀ったとしているが、牌を須《しゅ》弥壇《みだん》の上に安置したのだろう。

＊『禅宗辞典』(山田孝道、一九七五、国書刊行会)二三四頁参照。『仏教大辞彙』(龍谷大学編、一九七三、冨山房)九一三頁参照。

(8)後ろ　「建物の後ろに」とは、仏僧を仏殿後方の建物、つまり方丈に住まわせた、ということ。

(9)天子の功績　原文「其聖跡」。聖跡には聖人の事業、功績の意がある。聖人とは皇帝を指すと考えられる。すなわち、皇帝が琉球を教化した事により、仏の教えと野蛮な夷は近づいた、と記したと考えられる。

(10)海の神が優れた人材を集める　原文「海霊鐘秀有素」[*1]とあるが、『球陽』の「海霊鍾秀有素」[*2]に従った。原田禹雄訳注本『使琉球録』[*3]でも「鐘」としている。海霊すなわち海の神とは、龍神を指す。龍神とは龍王のことで仏法を守護する八種の異類のうち龍衆のこと。その龍王が集める優れた人材とは、柴山その人のことを言っている。優れた人材である柴山が、仏を守護する龍神の導きにより水難を避けることができ、仏を安置する大安禅寺を建立したと、いうことであろう。

＊1『金石文—歴史資料調査報告書Ⅴ—』二三四頁参照。

＊2『球陽　原文編』一七一頁参照。
＊3郭汝霖『使琉球録』一八三、二九七頁参照。

3　千仏霊閣碑記《せんぶつれいかくひき》　尚巴志王一二年（宣徳八年・一四三三）

「閣《かく》を建《た》てる者《もの》は故《もと》より柴山《さいざん》と云《い》う」

—皇帝の命により、万里の波濤を越えて四度琉球を訪れた高官が築いた高殿—

〈所在地〉

この『千仏霊閣碑記』は、郭汝霖『使琉球録』、蕭崇業『使琉球録』に掲載されているが、石碑はすでに失われている。拓本も残っていないので、早い時期に失われてしまったと予想され、どこに建っていたのかもわからない。漢文で刻まれていた。

両書を訳した原田禹雄氏は、大安禅寺は現在の波の上護国寺の場所にあったという考えが有力である、と述べている。そして、この千仏霊閣も大安禅寺の境内に建立されたとしている。[1] 前出『大安禅寺碑記』参照。

1　蕭崇業『使琉球録』二三五頁参照。

〈建立の目的〉

この石碑は、洪熙《こうき》元年（一四二五）から宣徳《せんとく》八年（一四三三）までの凡そ九年に及んで、柴山が琉球で行ったことを時系列に記述し、最後に千仏霊閣を創建したことを記念して建てられている。柴山が最後に来琉した目的は、『明実録』によると日本国王（足利将軍のこと）に皇帝への朝貢を促す文書を届けるために、琉球国中山王尚巴志にその仲介をさせることであった。[1] この頃、足利義満の後継将軍足利義持は明への朝貢を拒んでいたことがその理由である。

1　『『明実録』の琉球史料（一）』一〇五頁（六四）参照。

〈訳文〉

ここに、大明《だいみん》［王朝］は基礎を確立して天下を統一し、東は海に接し、西は砂漠に達して天子の教えは天下に及んだ。全ての遠方の国はこぞって宝ものを捧げ、絹織物を手に持って献上した。

時に、東の異民族は東の海のさらに東に隠れ住んでおり、中華から数万余里も遠く離れていた。海上には雲が起こり雨が降って、風と大波の恐れがあり、陸上には丘陵の険しさと崖と谷の危うさがあった。行政区域や街を囲む郭《くるわ》などは無く、丞《じょう》や尉《い》(1)などの官職もない。地の窪みを樽《たる》にして(2)掬って飲むということが、ことごとくその風習であった。しかし、たびたび土地の産物を献上し、永楽《えいらく》の間《あいだ》もまた常にその貢ぎ物を納めた。

洪熙《こうき》の初めに、(3)正使の柴山及び給事中《きゅうじちゅう》や行人《こうじん》(4)などの官を遣わして、みことのり(5)をつつしんで承り王位に冊封《さくほう》して冠《かんむり》を与えた。そのうえ、供物《くもつ》をそなえて前王［の霊］を慰めさせ、(6)これをもって［琉球の人民に］主君を尊び上に親しむ道を知らせ、仁愛と正義、礼儀と音楽の根本を重んじさせた。これ以上の天朝(7)の恵みを加えることはできない。

今まさに、聖人(8)が天子の位を継承して即位なさり、昔に定めた制度に従って宣徳二年（一四二七）に、再び正使の［柴］山を遣わして(9)一人でその任務を掌らせた。その場に至って調べると、ただ、その王は皇帝を重んじ、王相は民衆へ政《まつりごと》を行って、その風習は全て礼法に従っており睦まじく楽しげな様であった。

宣徳三年（一四二八）に、琉球国は使節を遣わして貢ぎ物を献上した(10)。

宣徳五年（一四三〇）になって、正使の［柴］山は三度《みたび》、みことのりを承りやって来て(11)、ここに重ねて優れた教えを伝えた。淮海《わいかい》(12)での往還は、波立つ大海原は極めて広く、舟の舵［の心配］や、風や大波の心配があり、朝に夕に辛く困難な思いをした。［航海の無事を］天に頼ったのだが、考えるとその善良な心を表してはいなかったので、ついに全軍の音頭を取って土地を開墾し、基礎を築いて仏寺を建立した。これを大安と名付けた。一つは育《はぐく》んで頂いた恵みに尽くし重んじること、一つはこの異国人達に良い行いを教えるためであった。寺はにわかに完成し、六年（一四三一）、仕事を終えて状況を陛下に報告した(13)。

宣徳八年（一四三三）癸丑《きちゅう》の年(14)にいたって、天朝は［琉球の］忠孝を非常に喜び、格別に福建方伯《ほうはく》大臣(15)に命じて、重ねて宝船(16)を建造させ、衣服や儀式に用いる道具などを与えてねぎらわれた。［航海の途中］日夜、海洋で生活する間は全軍に安全の喜びがあり、いつでも風や大波の心配はなかった。ある人は夜に神の光を見て、ある人は朝に目出度い気配と向かい合った。これこそ天地竜神の守護と助けの働きなのであって、でなければどうして［目的地に］到着することができたであろうか。ここに天尊の御宮(17)を元のとおりに修理して、このたび泉を引いて井戸を掘り、宮の南に大安千仏霊閣《たいあんせんぶつれいかく》を建築した。この異国人達はことごとく教えに近づこうとするであろう。

宝のような高殿《たかどの》は速やかに完成して御仏の徳は厳かに整った。八月の秋分に、また白竜《はくりゅう》(18)が高く掛かってその兆しに反応した。この目出度い徴《しるし》には、確かに由来があるのだ。とうとう碑記を立ててその事を記した。永遠の後世においてこれを理解して知る者にことごとく天朝の徳化の盛大さを仰がせ、この立派な事業を先人と共有させるのだ。よって書いて記す。

寺を建てた者は(19)、言うまでもなく柴山である。


（総注）この碑文の原田禹雄氏の訳注が郭汝霖『重編使琉球録』一八五頁以降にある。

（1）**丞や尉**　丞は副官のこと。尉は刑罰等を司る。

（2）**地の窪みを樽にして**　原文「汙樽抔飲」。原田禹雄氏は郭汝霖『使琉球録』の訳注において、『礼記』礼運の「汙尊而抔飲」の引用であるとする。* 抔飲は掬って飲むの意があり、汙は窪みの意がある。

＊郭汝霖『使琉球録』一八七頁参照。

（3）**洪熙の初めに**　柴山等が到着したのは洪熙元年六月一七日か* 翌一八日である。

＊『歴代宝案　訳注本第一冊』四九一頁一の一六の一、四九四頁一の一六の三参照。

（4）**給事中や行人**　この時派遣されたのは中官の柴山、行人の陳資茂と周彝*である。

＊『歴代宝案　訳注本第一冊』八頁一の一の三、九頁一の一の四、五、四九一頁一の一六の一参照。『明実録』の琉球史料（一）』五三頁（二）、（五）参照。

（5）**みことのり**　この時の勅は『明実録』と『歴代宝案』とにある。* 柴山が皇帝から指令を受けたのが洪熙元年二月一日、琉球に到着したのが(3)のとおりである。

＊1『明実録』の琉球史料(一)五三頁(五)参照。『歴代宝案　訳注本第一冊』九頁一の一の四参照。

(6)**前王を慰めさせ**　この時の諭祭文は『歴代宝案』にある。[*1] 尚巴志の冊封及び思紹の諭祭は洪熙元年六月二七日のこと。[*2]

＊1『歴代宝案　訳注本第一冊』九頁一の一の四参照。

＊2『歴代宝案　訳注本第一冊』四九一頁一の一六の一参照。

(7)**天朝**　中華の王朝のこと。

(8)**聖人**　宣徳帝《せんとくてい》朱瞻基《しゅせんき》のこと。父洪熙帝が即位わずか一年で崩御したため、急遽即位した。

(9)**再び正使の[柴]山を遣わして**　この時の使者を遣わす件は『明実録』にあり、[*1] 勅は『歴代宝案』にある。[*2] この時の任務は尚巴志に皮弁冠服を賜ること及び漆と砥石を買い付けることであった。

＊1『明実録』の琉球史料(一)五四頁(一二)参照。

＊2『歴代宝案　訳注本第一冊』一一頁一の一の七参照。

(10)**琉球国は使節を遣わして貢ぎ物を献上した**　この時の使者が到着した件は『明実録』[*1]に、使者を遣わす内容の件は『歴代宝案』にある。[*2]

＊1『明実録』の琉球史料(一)五五頁(一八)、五九頁(三一)参照。

＊2『歴代宝案　訳注本第一冊』四九八頁一の一六の七、五〇〇頁一の一六の九参照。

(11)**正使の[柴]山は三度みことのりを承りやって来て**　この時の使者を遣わす件は『明実録』にあり、[*1] 勅の内容は『歴代宝案』にある。[*2]

＊１『明実録』の琉球史料（一）』五五頁（三〇）、五六頁（三三）参照。

＊２『歴代宝案　訳注本第一冊』一二頁一の一の九参照。

（12）**淮海**　淮河が流れ込む海の意で東シナ海のことか。淮河は揚州の北辺を取り囲み、東に流れて海に注ぐ。

（13）**六年（一四三一）、仕事を終えて状況を陛下に報告した**　『明実録』には柴山が復命した記録はない。

（14）**宣徳八年（一四三三）癸丑の年に**　この時の使者を遣わす件は『明実録』にあり[*1]、尚巴志にあてた勅が『歴代宝案』にある[*2]。この時、皇帝の発令が宣徳七年一月二六日、琉球へ到着したのが翌八年六月二一日である[*3]。

＊１『明実録』の琉球史料（一）』五八頁（六四）参照。

＊２『歴代宝案　訳注本第一冊』一五頁一の一の一一参照。

＊３『歴代宝案　訳注本第一冊』四二〇頁一の一二の一三参照。

（15）**方伯大臣**　中央から地方へ派遣された監督官の尊称。

（16）**宝船**　進貢船のことである。この頃、琉球は度々進貢船の修理と下賜を願い出て許されている[*1][*2]。

＊１『歴代宝案　訳注本第一冊』五〇七頁以降の一の一六の一七、一八、二〇、二一参照。

＊２『明実録』の琉球史料（一）』五八頁（六六）参照。

（17）**天尊の御宮**　原文「弘仁普済之宮」。弘仁普済は航海神である媽祖《まそ》に与えられた称号なので、当初は弘仁普済之宮を天妃宮と訳した。しかし、上下《かみしも》の天妃宮は現在の那覇市立天妃小学校付近にあり、護国寺近くの大安禅寺境内に建てられたと考えられる千仏霊閣とは場所的に合わない。するとこの「宮」はどこにあったのか。『由来記』唐栄旧記全集の天尊堂の項は「天尊堂は久米村の西門の外にあり、すなわち南門とその向きを斉《ひと》しくす。護国庇民の天神なり」と記す[*1]。西門とは北門のことで現在の西武門付近にあたる。現在の天尊堂はかつての孔子廟の場所に移転したが、元々の天尊堂は現在も護国寺の南にあって南東向きにあり、西武門の北西にある。また、東恩納寛惇が提示した家譜資料によると天尊堂は南東に向いており、[*2]『那覇読史地図』[*3]によると久米村の南門すなわち大門も南東に向いていることから、『由来記』の記述と整合する。柴山が修理した「宮」とは天尊堂のことであろう。

＊1『由来記』一八二頁参照。

＊2『東恩納寛惇全集7　南島風土記』三八九頁参照。

＊3『那覇読史地図』とは沖縄風土記刊行会が発行した地図。嘉手納宗徳によると、伊地知貞馨（いじち　さだか）所蔵の地図等を参考に古老達の協力を得て作成したとある。

(18)**白竜**　天帝の使者のこと。

(19)**寺を建てた者**　底本及び蕭崇業『使琉球録』の『千仏霊閣碑記』には「建寺者故柴山云」と出ているが、[*1]郭汝霖『重編使琉球録』所収の同記にはこの七字は無く、[*2]「大明宣徳八年歳在癸丑仲冬初二日辛巳天朝欽差正使柴山副使阮鼎立」とある。『球陽』には「建閣者故柴山云」と出ている。[*3]

＊1蕭崇業『使琉球録』四八四頁参照。

＊2郭汝霖『使琉球録』二九八頁参照。

＊3『球陽　原文編』一七二頁参照。

4　旧首里城正殿銅鐘（万国津梁の鐘）　尚泰久王五年（天順二年・一四五八）

「舟楫《しゅうしゅう》を以て万国《ばんこく》の津梁《しんりょう》と為し」

—仏の教えと鐘の音で、人々を救済する偉大なる王を高らかに褒め称える—

〈所在地〉

この金石文は、石ではなく梵鐘に彫られているのだが、有名なこの鐘銘を外す訳にはいかないので、加えることとした。所在地は鐘銘が述べているとおり、首里城正殿前に掛けられていた。現在、実物は沖縄県立美術館博物館にある。漢文で刻まれている。

〈刻銘の目的〉

沖縄で最も有名なこの鐘銘は、副題に示した「船舶を多くの国の橋とした」の一文をもって大航海時代の繁栄と、琉球人が海外へ雄飛する気概をあらわしていると考えられている。しかし、訳文のとおりこの鐘銘は仏僧が仏教的視点から、ある事柄を記念して刻んだものと考えられる。

鐘銘中の、「異産至宝」とは、上里隆史氏が著書で「一連の梵鐘鋳造は大蔵経《だいぞうきょう》の獲得を記念した国家的なモニュメントとしての目的があったのではないだろうか」[1]と述べるとおり、『朝鮮王朝実録』において、一四五五年に尚泰久《しょうたいきゅう》が僧道安を使節として朝鮮に派遣して蔵経の下賜を朝鮮国王に請求し、[2]一四五七年に琉球に届いた「礼物ならびに大蔵尊経」のことであろう。そして、確かに刹《せつ》には国土の意もあるので、これまで「国中に」などと訳されていた「十方刹《じっぽうぜつ》」は、仏教用語で「先師のために寺を作ること」を意味するので[3]、直接に渓隠《けいいん》の相国寺若しくは仏教に篤く帰依した尚泰久王が居する首里城正殿と考えると、仏典が充ち満ちる場所としてとてもおさまりが良い。

大蔵経とは「釈尊所説の一切の経、律、及び印度、中国、日本などの仏教学者の著書、註釈書等を集めたもの」[4]という。前掲『朝鮮王朝実録』の注によれば琉球に下賜された大蔵経は高麗版としている。[5]そうであるなら、麗蔵とされる南宋淳祐年間に高麗王高宗が編纂した高麗版大蔵経は、何と六五八九巻にも及ぶ夥しい仏典なのである。[6]まさに寺や正殿に「充満」していると表現するに相応しい。

このくだりの後は、仏法を興隆させた尚泰久を称え、御仏の恩に報いるためにこの鐘を鋳造して、鐘の音によって人々を救済すると述べ、最後は四言詩でほぼ同じ内容を繰り返して鐘銘は終わる。つまりこの鐘銘は、朝鮮から貴重な仏教経典を得て寺若しくは首里城に納め、仏法を興し人々を救済する国王尚泰久を高らかに褒め称える為に刻まれたのであろう。

拓本を本書見返しに印刷した。

1『海の王国・琉球』（上里隆史、二〇一二、洋泉社）一一四頁参照。
2『朝鮮王朝実録琉球史料集成【訳注篇】』（池谷望子・内田晶子・高瀬恭子、二〇〇五、榕樹書林）一〇一、一〇九頁参照。
3『禅宗辞典』（山田孝道、一九七五、国書刊行会）四五五頁参照。
4 同書　六五二頁参照。
5『朝鮮王朝実録琉球史料集成【訳注篇】』一〇三頁参照。
6『禅宗辞典』六五三頁参照。

〈銘文〉

（第一区）

琉球国者南海勝地而
鐘三韓之秀以大明為
輔車以日域為唇歯在
此二中間湧出之蓬萊
嶋也以舟楫以万国之
津梁異産至宝充満十
方刹地霊人物遠扇和

（第二区）

夏之仁風故吾
王大世主 庚寅 慶生 尚泰久 茲
承宝位於高天育蒼生
於厚地為興隆三宝報
酬四恩新鋳巨鐘以就
本州中山国王殿前掛

〈訳文〉

琉球国は［日本の］南の海の形勢有利な土地であり、朝鮮(1)のひときわ優れたものを数多く集め、［琉球を］頬骨とすれば大明を下あごとし、［琉球を］唇とすれば日本を歯としている［が如く互いに親密な関係にある］のだ。

この二つの［国の］中間に所在して、［海中から］ほとばしり現れた、神仙が住む伝説の島なのである。船舶を多くの国々への橋としたので、珍しい産物や最高の宝が正殿に充ち満ちている。

素晴らしい土地の人と物(2)とには、長い間に日本と中国との仁徳による教えが［広まり］盛んとなった。そうであったから、吾が王である大世主《おおよのぬし》(3)、庚寅《こういん》［の年（一四一〇）］にお生まれになった尚泰久《しょうたいきゅう》が、ここに大いなる位を高く澄んだ天に授けられ、人々を大いなる大地で養い育《はぐく》んでおられる。

［国王は］御仏と仏法と仏僧との三つの宝の勢いを盛んにし、父母と国王と三宝と生きとし生けるものとの四つの恩にお報いになるために、新たに巨大な鐘を鋳《い》て、即座に我が国の中山《ちゅうざん》国王殿の前にこれを掛け設置なさった。

［国王は様々な］制度を夏殷周《かいんしゅう》の三王朝(4)を継承してお定めになり、学問と武術(5)を歴代の王に先駆けてお集めになった。

［鐘の音は］下は欲界《よくかい》、色界《しきかい》、無《む》色界《しきかい》の三界《さんがい》(6)に迷える生きとし生けるものを救い、上は国王の御長寿と大いなる位を祝福する。

之定憲章于三代之
後戢文武于百王之前
（第三区）
下済三界群生上祝万
歳宝位辱命相国住持
渓隠安潜叟求銘々曰
須弥南畔　世界洪宏
吾王出現　済苦衆生
截流玉象　吼月華鯨
（第四区）
泛溢四海震梵音声
覚長夜夢　輸感天誠
堯風永扇　舜日益明
戊寅 六月十九日 辛亥
大工藤原国善
住相国渓隠叟誌之

［国王は］かたじけなくもご下命なさり、相国《しょうこく》［寺の］住職である老僧の渓《けい》隠安潜《いんあんせん》に、［この鐘に相応しい］文句(7)をお望みになられた。文句に云う。

須弥南畔《しゅみなんはん》(8)（中心なる須弥山の南のほとりの）
世界洪《おお》いに宏《ひろ》し（生きとし生けるものが住む［琉球の］国土は大いに広い）
吾が王出現し（吾が王が出現なさり）
苦しむ衆生《しゅじょう》を済《すく》う（生きとし生けるものの心身を切迫する不快をお救いになった）
流れを截《た》つ玉象《ぎょくぞう》(9)（美しい石でできた象は悪い方向へ変化することを断ち切り）
月に吼える華鯨《かげい》(10)（鐘は月に大きな音響を響かせる）
四海《しかい》に泛溢《はんいつ》し（［音響は］天下にあまねく満ち）
梵音声《ぼんおんじょう》を震う（清浄な音は地面を揺り動かす）
長夜《ちょうや》の夢を覚ましめ（［鐘の音は人々の］長い夜の夢を覚まし）
天を感じ誠を輸《いた》さしむ（［鐘の音は人々に］天を受け入れ誠意を捧げさせた）
堯風《ぎょうふう》永く扇ぎ（帝堯の［安らかな治世のような尚泰久の恵みの］風はとこしえに盛んとなり）
舜日《しゅんじつ》益々明らかなり（帝舜(11)の［安らかな治世のような尚泰久の恵みの］陽光はいよいよ明るい）
戊寅《ぼいん》［の年（一四五八）の］六月一九日辛亥《しんがい》［の日］
大工は藤原国善(12)　相国［寺の］住［職］の老僧渓隠がこれを記した。

(1)**朝鮮**　原文「三韓」。朝鮮半島を指す。

(2)**素晴らしい土地の人と物**　原文「地靈人物」。これは「人傑」とすべきを人物と誤刻したのではなかろうか。そうであれば「素晴らしい土地に秀でた人は生まれ、長い間に日本と中国との仁徳による教えが盛んとなった」となって、現代語訳のおさまりが良い。

(3)**大世主**　世譜は尚泰久王の神号とする。偉大なる支配者の意だろう。ところで、琉球の史書は尚泰久の生年を永楽一三年(一四一五)と記すが、この鐘銘では永楽八年(一四一〇)とする。これについて、『明実録』の琉球史料(二)』の訳注者の池谷望子、内田晶子、高瀬恭子氏は、その注において、「『世鑑』『蔡鐸本』のように、尚金福(洪武二一年・一三九八年生)の子とすると、尚金福一二歳の子となる。この点からも尚泰久は王弟と考えるべきであろう。琉球の史書がこの鐘銘を無視したのは、尚泰久の生年に永楽八年を採用したとすれば、尚金福と尚泰久の親子関係のみでなく、尚金福の生年までが危うくなるからであろう*」とする。

＊『明実録』の琉球史料(二)』九三頁参照。

(4)**夏殷周の三王朝**　原文「三代」。このほかに父、祖父、曾祖父の三代の意もある。

(5)**学問と武術**　原文「文武」。このほかに文官と武官の意もある。

(6)**三界**　欲界、色界、無色界を指し、欲界は欲に囚われた生き物が住み、色界は物質に囚われた世界、無色界はそれらを超越した世界を指す。

(7)**文句**　原文「銘」。これは仏典の中の仏徳を称えた韻文である偈《げ》に準えたのであろう。偈は一二部経ともいい、仏陀の所説を一二種類に分類するものという。原文の銘が一二行の四言詩であるのは、これに根ざしたものであろう。

（8）**須弥山**　仏教世界の中心にあるという高い山のこと。日本を仏教の中心地に準えているということだろう。
（9）**玉象**　仏教辞典にも掲載されていないのでその意味がよくわからない。象は仏の乗り物なので美しい石でできた象と訳した。もしくは「玉兎」とすべきを玉象と誤刻したのだろうか。玉兎であれば月の意があるので次行につながっていくのだが、後考を待つ。
（10）**華鯨**　鐘と撞木のこと。
（11）**舜**　前行の堯とともに、古代中国の伝説上の帝王。
（12）**藤原国善**　『沖縄大百科事典』やその他の事典類にその記述はないので、詳しいことはわからない。

5　萬歳嶺記《ばんざいれいき》　尚真王二一年（弘治十年・一四九七）

「茲《こ》の嶺は萬歳《ばんざい》を以《もっ》て名と為《な》す」

—小高い松の嶺にこだまする、偉大なる王の万歳を言祝ぐ臣下達の声—

〈所在地〉

万歳嶺とは、東恩納寛惇の『南島風土記』によると、現在の慈眼院首里観音堂の背後にあった陂嶺《はれい》即ち嶺のことであるとしている。[1]また、『首里古地図』では観音堂の背後に描かれている小高い丘が万歳嶺である。

写真資料[2]には、丘の頂上と思しき場所に疎らな木立に囲まれて屹立している石碑の姿が残されている。また、沖縄県立図書館に保管されている『米軍作成地形図（一九五二年）』の第一四二葉によれば、万歳嶺は標高二六三フィート（約八〇・二メートル）の丘状の地形となっていたことが確認できる。現在、丘は平たく整地されているものの、観音堂の敷地からは遠

万歳嶺記の復元碑

く慶良間《けらま》諸島を西に望むことができ、建物の合間からは北に末吉の尾根を垣間見ることができる。『南島風土記』には、この碑文の別名をナチジナーというのは、万歳嶺の下まで山北《さんほく》の船が入り込み停泊していたことに由来しており、茶湯崎橋《ちゃなざきばし》のあたりまで海水が入り込んでいたのであれば、碑文中の「下ニ接スル者民居漁市也」という景観も想像できる、と記述されている。[3]

石碑は先の第二次世界大戦で破壊されたが、観音堂の山門をくぐると、本堂に登る正面階段の左脇に復元されている。那覇市が設置した石碑傍らの説明文によると、石碑の残存部分が復元された台座下部に填め込まれている。漢文で刻まれている。

石碑の規格は、『金石文』によれば高さ一五九センチ、幅五〇センチである。石碑の残存部分の厚さ

［万歳嶺記碑文］沖縄県立図書館蔵

を測ると約一三センチ[4]であった。別称上《かみ》ミヤキジナハ（上今帰仁）の碑ともいう。

1　『東恩納寛惇全集7　南島風土記』二〇三頁参照。
2　『写真集懐かしき沖縄』（野々村孝男編著、二〇〇〇、琉球新報社）三八ページ参照。
3　『東恩納寛惇全集7　南島風土記』二〇四頁参照。
4　『金石文―歴史資料調査報告書V―』二一五頁参照。

〈建立の目的〉

この碑文で尚真《しょうしん》王は漢の武帝や秦の始皇帝に譬え《たとえ》られ、いよいよその治世の絶頂期に達する頃であったろう。碑文は嶺が万歳嶺と名付けられた由来、尚真王の偉大さ及び万歳嶺から眺めることができる風景の素晴らしさを刻んでいる。

すなわち、万歳嶺から上に尾根を望むと安国寺、天界寺そして首里城、円覚寺という王国の中枢部を見据え、下に尾根を望むと広い那覇の市街地を一望できたこと、そして万歳嶺から西側を遠望する慶良間に沈む夕日と、北側に望む末吉の山々の朝の景色の美しさを褒め称えているのである。

〈訳文〉

【万歳嶺記《ばんざいれいき》】

大いなる変化の気が集まり、固まって山となり、万物を生んで天と地と四方の果てをふさいだ。

そもそも、山の名はその優れた地勢や風景によって備わるものだが、この嶺の名は万歳である。思うに、［この嶺の名は］王を称《たた》え万歳を唱《とな》える儀礼(1)に由来しており、中山《ちゅうざん》(2)で最も人が集う場所となったのだ。そこで尚真王(3)は、わたし(4)にこれを記すようお命じになった。

その辞(5)に言う。

嶺［の木々は］は全て松であり、［松は］一年を通して青々としている。

強い志《こころざし》を積み重ね、千年を経て堅くなる。

［嶺の］上では黄色い鶴(6)が鳴いて、神仙が［鶴に］跨《また》がって操る。

［嶺の］下には聖なる御魂《みたま》があって、永遠《とわ》の美しい宝［嶺の松］を生む。

これは万歳嶺の優れた景色なのである。王は輿《こし》からご覧になり、優れた臣下達も眺めて楽しんだ。

万歳を叫ぶこと三度《みたび》、漢の武帝の徳政(7)を再現した。

松(8)に位を与えること五度《いったび》、秦の始皇帝のように爵位(9)を賜った。

酒を飲む人があって、この嶺に集いそれぞれ［王の］長寿を寿《ことほ》ぐ盃を手にした。

詩を詠む人もあって、この嶺に登り［王の寿命の］とこしえなれと歓び声高く詠《うた》った。

これは太平の世の甚《はなは》だ立派な事柄ではないか。

美しい宮殿の門と立派な寺が高々として、［嶺の］上方に連なっているのは王城と仏寺(10)である。

瓦屋根、茅葺《かやぶき》屋根が遠くに広々として、［嶺の］下方に連なっているのは民の家々と魚市場である。

北に向かうと、連なる山々が［万歳］嶺を取り囲み、煙に霞む様に高くそびえ立つ朝の眺めは、実に素晴らしい趣きである。

西に向かうと、夕日が潮に落ちて島々に交わって遙かに極まり無い夕方の眺めは、実に奥ゆかしい趣きである。

これはことごとく、この嶺の素晴らしい眺めなのである。

その美しさを石に書いて刻んで後世の人々(11)に残す。

大明弘治十年(12)(一四九七)丁巳《ていし》の年の八月吉日。(13)

みことのりを承《うけたまわ》り扶桑《ふそう》の散人《さんじん》、(14)樗不村《ちょふそん》(15)が丁重に記した。

(1)**万歳を唱える儀礼**　原文「嵩呼《すうこ》之義」。漢の武帝が封禅《ほうぜん》の儀式のために嵩山《すうざん》に登った時に、万歳を三唱する声が全ての従者に聞こえたという故事から、臣民が君主を称えて万歳を唱えることを嵩呼という。封禅とは、天子が天地を祭る大典のこと。秦の始皇帝や漢の武帝などが行った。

　嵩山は五岳の一つで河南省登封県の北にある。嵩は崧にも通じるので、万歳嶺の松にかけているのだろう。

(2)**中山**　第一尚氏の時代、中山王は三山を統一してもなお琉球国王としてではなく琉球国中山王として冊封《さくほう》を受け続けた。ここでいう中山とは首里一帯の地域を指すのだろう。冊封は琉球ではサッポーとも発音する。冊封とは、中国の皇帝が妃や皇族に爵位を与えること。琉球では王位継承者に王位を与える儀式のこと。

(3)**尚真王**　第二尚氏王朝の第三代国王。始祖尚円王と王妃月光の長男。琉球の史書によれば成化元年(一四六五)に生まれ、父の死後王位を継承した叔父尚宣威《しょうせんい》が神女に追放されたことを受けて、成化一三年(一四七七)に即位した。以来、第二尚氏王家最長の五〇年間に渡って在位した。尚真王の事績は、後出『百浦添之欄干之銘』に一一条にわたって記されている。姉妹にオトチトノモイカネがおり、初代の聞得大君となった。

(4)**わたし**　原文「夫己」。某の意があるので、「それがし」の意でこのように訳した。ここではこの碑文の選者で末尾に名を記す樗不村のこと。

(5)**辞**　文体の名。韻文の一種。韻文とは句末に一定の韻字を用いて、同じ響きを持つように整えた文章、又は詩歌の形式を備えたリズムある文章のこと。

(6)**黄色い鶴**　原文「黄鶴」。仙人の乗るもの。

(7)**武帝の徳政**　漢王朝の第七代皇帝。姓名は劉徹。治世の前半は内政を整備し中央集権化を強めた。また、衛青らの武将に命じて北方の匈奴を討たせて版図を拡大し、漢王朝の全盛期を現出した。武帝が嵩山で封禅の儀を執り行ったとき、武帝の万歳を三唱する声が聞こえたという故事になぞらえ、万歳嶺を嵩山に見立てて尚真の偉大さを武帝に譬えている。

(8)**松**　原文「大夫」。大夫は通常、官位にある者の尊称だが、大夫又は五大夫には松の意がある。秦の始皇帝が泰山で封禅の儀を行った帰途、雨宿りをした松に秦の爵位である五大夫を与えて、その恩に報いた故事に由来している。万歳を唱えたのは三回、位を与えた松は五本(回)と対句にして、爵位の五大夫にかけている。

　ここで、尚真王が武帝のように徳政を行い始皇帝のように官僚に位を与えたなどと理解すると、途端に撰者の意図が伝わらなくなってしまう。万歳嶺の名の由来と尚真王の偉大さを武帝の「嵩呼」の故事を用いて表現し、松の美しさと尚真王の性質の麗しさを始皇帝の「五大夫」の故事を用いて表現した、ひねりの効いた一種の洒落である。

(9)**始皇帝のように爵位**　始皇帝は秦の初代皇帝。姓名は嬴《えい》政。法家の思想を重んじて、李斯を用い封建制を廃した。六国を滅ぼして天下を統一し中央集権国家を樹立。始皇帝は武帝に先立ち泰山で封禅の儀を執り行った。(8)

のとおり、始皇帝が雨宿りをして五大夫の爵位を与えた松のことを、万歳嶺の松に見立て尚真を始皇帝に譬えている。

(10)**王城と仏寺**　現在の万歳嶺は標高六六・八メートルだが、当時は前述のとおり約八〇・二メートルだっと推測され、現在より約一五メートル程高かった。その頂上からは首里城正殿や天界寺の甍が見えたことだろう。

(11)**後世の人々に残す**　原文「貽于後祀」の後祀は後に祀られる人の意。すなわち後世の人々のこと。

(12)**十年**　原文「十白」。白に年をあらわす意があるのか分からないが、年と訳した。後考を待つ。

(13)**丁巳の年**　原文「龍舎」。龍集は歳時をあらわすが、舎には星の天体上に占める位置の意があるので、歳集、歳舎と同じく歳時の意か。

(14)**散人**　世捨て人のこと。ほぼ同時に建立されたと思われる『官松嶺記』を記した者として、円覚寺第四代の住持種桂の名が刻まれているので、次項のとおり第三代の住持樗不村はこの時、無役であったと考えられる。

(15)**樗不村**　底本、『琉球国碑文記』[*1]及び『万歳嶺記(拓本)』[*2]ともに「樗不村」と読める。だが、『由来記』は開山の芥隠大和尚以降、三人目の住持として「日本　不材一樗《ふざいいっちょ》」と記す[*3]。

＊1『琉球国中碑文記』は王朝時代に編纂された、石碑などの金石文の銘文を記した書物のこと。沖縄県立図書館に「伊波本」、「東恩納寛惇本」などが収蔵されている。『琉球國碑文記　東恩納本(甲)(乙)』三頁参照。

＊2『金石文—歴史資料調査報告書V—』二一五頁参照。

＊3『由来記』一九八頁参照。

6　官松嶺記《かんしょうれいき》　尚真王二一年（弘治十年・一四九七）

「中府《ちゅうふ》の西に丘阜《きゅうふ》の最高なるもの有り」

―嶺に青々と茂る木々の長たる松に、偉大な王の長寿をたとえる―

〈所在地〉

官松嶺は、前述の万歳嶺のすぐ西に所在した丘である。東恩納寛惇の『南島風土記』の記述及び『首里古地図』における位置を現在の地図に当てはめてみると、ノボテル沖縄那覇の北側あたりである。『首里古地図』には、官松嶺記の別称である「下今帰仁碑」と記されており、万歳嶺のやや下方に位置している。往事は美しい松林の小高い丘だったのであろう。

写真資料には、草だけが生えた円錐形の丘の頂上に屹立している石碑の姿が残されている。[1] また、沖縄県立図書館に保管されている『米軍作成地形図（一九五二年）』の第一四二葉によれば、官松嶺は標高一七八フィート（約五四・三メートル）の

官松嶺記の復元碑

丘状の地形であったことが確認できる。

石碑は先の第二次世界大戦で破壊され、その残欠が沖縄県立博物館美術館に収蔵されているが、現在、ノボテル沖縄前バス停留所付近（那覇向け）に復元されている。この石碑の規格は、『金石文』によれば高さ一七〇センチ、幅五一センチ、厚さ一二センチである。[2] 別称下《しも》ミヤキジナハ（下今帰仁）の碑ともいう。漢文で刻まれている。

1 『写真集懐かしき沖縄』三九頁参照。
2 『金石文―歴史資料調査報告書Ⅴ―』四一頁参照。

［官松嶺記碑文］沖縄県立図書館蔵

〈建立の目的〉

この石碑も、『万歳嶺記』と同じ年に刻まれている。碑文によれば、尚真王が官僚にこの丘へ松の苗を植えさせたので、官松嶺と名付けられたことを伝えている。そして、松の長寿を国王の偉大さに譬えて、王家の長久を唱い、永遠なることを記念して碑を刻んだと記している。


〈訳文〉

【官松嶺記《かんしょうれいき》】

天と地とが開けて以来、球陽《きゅうよう》(1)は潮に洗われる形勢有利な地であって、[このような]素晴らしい土地に優れた人は生まれる(2)のである。

[球陽には]三つの区画がある。北方にあるのは北山府《ほくざんふ》という。南にあるのは南山府《なんざんふ》という。その二つの間にあるのを中山府《ちゅうざんふ》(3)という。海上にある三つの神仙の山(4)というべきであろうか。

中山府(5)の西に素晴らしい土の丘がある。もともと官吏が楽しむ場所(6)なのだが、国の主である尚真王は、官僚に命じてここに稚松《わかまつ》数千株を移して植えさせ給うた。号して官松嶺という。

記(7)に言う。

そもそも、松は多くの木の中で最も優れて千年の志《こころざし》がある。[松は]緑として茂り盛んで、森として美しく好ましい。後世の人々に[この嶺の松は]大きな家の棟木《むなぎ》と梁《はり》(8)[のような存在]なのだと知らしめるのだ。

[松に]覆われた涼しい木陰は炎熱の夏にこそふさわしいのだ。

寒さにも色を落とさない［松の］固い操《みさお》は凍える冬にこそふさわしい(9)のだ。

国王の御年《おんとし》は、松を古いとするのではなく、松の長寿によって祝うのである。

［国王の］立派な徳は、嶺が高く大きく、優れていることと比べるのである。

天下の全てを徳によって治め、人々に慈しみの政《まつりごと》を行えば、海は静かで河は清く、国は富み家は整うのだ。

ああ、偉大である。王家のすぐれた徳が永久に盛んであることは。

後世の人に知らせるために石に書いて刻む。

大明弘治十年（一四九七）丁巳《ていし》の年(10)の八月吉日。

円覚寺の住職(11)、老僧の種桂《しゅけい》(12)が丁重にこれを記した。

（1）**球陽**　琉球の雅号。日本は扶桑という。
（2）**素晴らしい土地に優れた人は生まれる**　原文「地靈人傑也」。唐の詩人王勃『滕王閣序』の「人傑《じんけつ》ニシテ地霊《ちれい》ナリ」の引用。
（3）**中山府**　尚真王の治世においても、琉球は三山から成っていると考えられていた。ただし、この府というのは『蔡温本世譜』が「三府五州三十五郡。俗に府州を叫《よび》て方《ほう》と曰ふ。又郡を叫て間切《まぎり》と曰ふ」と記す*とおり、間切を包含する行政区画の如きものである。
*『琉球史料叢書　四』「中山世譜」九頁参照。
（4）**海上にある三つの神仙の山**　琉球の三山を蓬萊《ほうらい》、方丈《ほうじょう》、瀛洲《えいしゅう》の三つの聖なる山に譬えている。

(5)**中山府**　原文「中府」。何故、山が脱落しているのかわからない。

(6)**官吏が楽しむ場所**　原文「官遊之地」。官遊には仕官するために故郷を出る、官吏となって遠方に勤める意があるが、何れも文意にあわないと考えたので、このように訳した。後考を待つ。

(7)**記**　文字を連ねて一つのまとまった考えを述べた文章のこと。

(8)**大きな家の棟木と梁**　原文「大厦棟梁」。家屋の構造上重要な部分という意。すなわち、この嶺は国家の重要な場所ということであろう。

(9)**寒さにも色を落とさない固い操は凍える冬にふさわしい**　原文「宜于寒者其貞節也」。松に関して貞松《ていしょう》という語があり、その意は松は常に色を変えないので固い節操のたとえとする。

(10)**丁巳の年**　原文「龍集丁巳」。龍集は歳時の意。

(11)**円覚寺の住職**　原文「円覺住山」。天徳山円覚寺は第二尚氏王家の菩提寺。住山は天徳山の住持の意か。

(12)**老僧の種桂**　原文「釈氏種桂叟」。釈氏は僧侶、叟は年寄りの意。種桂は号。『由来記』は開山の芥隠大和尚以降、四人目の円覚寺住持として種桂和尚の名を記す*。

＊『由来記』一九八頁参照。

7　圓覚禅寺記《えんかくぜんじき》（荒神堂之南之碑文《こうじんどうのみなみのひぶん》）　尚真王二一年（弘治十年・一四九七）

「率土之濱《そつとのひん》まで共に恩波《おんぱ》に沐《あら》わる」

※率土之濱は全ての陸地の果ての果てのこと

―徳高き王は壮麗な円覚禅寺を築き、礼儀が行きわたって妙なる音楽が鳴り響く―

〈所在地〉

碑文によれば、この石碑は荒神堂《こうじんどう》の南側に設置されていたことになる。では、荒神堂はどこにあったのか。『由来記』の「肇創天徳山圓覺禅寺記附重修事」を抜粋すると次のとおりとなろう。[1]

「弘治五年（一四九二）に建設工事を始め、同甲寅年（弘治七年、一四九四）に完成した。これにより寝室、方丈、大殿、法堂、山門、両廊、鐘楼、鼓閣及び僧房、厨庫、浴室等…」

『写真集首里城』における円覚寺平面図（以下「平面図」という。）によると、総門から放生池、山門を経て仏殿、そして龍淵殿が西北西から東南東の直線上に配置されている。仏殿の南東に鐘楼、仏殿の北側に獅子窟と御照堂、龍淵殿の南側に庫裏が配置

現在の円覚寺跡

7　圓覺禅寺記（荒神堂之南之碑文）

されている。[2]

この平面図と『由来記』の記述を照合すると、寝室と方丈が龍淵殿に、大殿と法堂が仏殿と御照堂に、山門と両廊が山門とその両脇の廊に、鐘楼と鼓閣が鐘楼に、僧房及び厨庫、浴室等が庫裏にそれぞれ該当するのだろう。

ところが、荒神堂の名は見えない。同じく『由来記』における「肇建荒神堂記附重修事」を訳すと次のとおりとなろう。[3]

「三宝大荒神堂は弘治五年（一四九二）中に建設を始めた」

これを見る限り、荒神堂は先に掲げた円覚寺の施設には含まれてはいない。

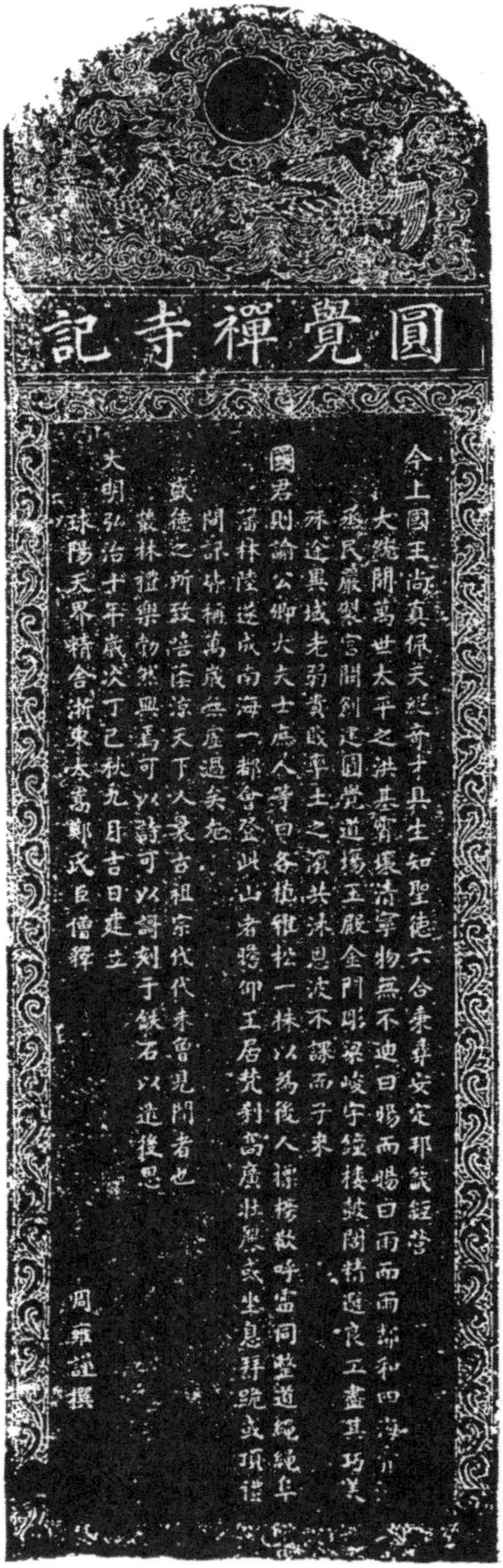

［円覚禅寺記碑文］沖縄県立図書館蔵

次に、『由来記』における「立石碑併石橋事」を訳すと次のとおりとなろう。[4]

「右は円覚寺の事はじめの記である。弘治十年（一四九七）九月に建立された。天界寺の住持熙山の周雍が謹んでこれをあらわした。左は琉球国王頌徳碑である。弘治一一年（一四九八）八月に正義大夫の程璉、鄭玖、長史の梁能、蔡賓、通事の陳義等がこれを立てた。放生池の石橋と石手水もこれと同じだが、ただ一月と五月というのが異なるだけである」

「円覚寺の事《こと》はじめの記」とは、円覚禅寺記すなわち、この荒神堂之南之碑文に他ならない。「琉球国王頌徳碑」とは、次に紹介する別称荒神堂之北之碑文のことである。よって、文中の右や左が、石碑の位置を示しているのは明らかであり、当然その基準になっているのは荒神堂である。左右が南北に対応しているので、円覚寺の伽藍の配置から考えると荒神堂は西方を向いていたことになる。『首里古地図』を見ると、円覚寺の寺域にある建物で西に向いているのは、総門、山門、仏殿、龍淵殿、方丈、おそらく慎終堂、そして御照堂北側の石壁の外にあって、仏殿のほぼ真北にある小さな建物だけである。

この仏殿の真北にあって西に向いている小さな建物こそが荒神堂であろう。その両脇には石碑らしきものが描かれている。荒神とはもともと竈の神であり、屋敷神の意もある。『琉球国旧記（以下「旧記」）』に「弘治五年（一九四二）壬子、尚真王の御代に、この堂がはじめて作られ、三宝大荒神をその中に安置して、この寺を鎮守する神とした」[5]とあるとおり、円覚寺の屋敷神なのだろう。

現在、荒神堂が所在した場所は、県立芸術大学附属図書芸術資料館となっており、往時の面影はないが、当時の荒神堂は円覚寺と比較して少々盛り上がった地形にあったのであろう。碑文中の「この山に登り」とあるのがその証左である。現在の県立芸術大学附属図書芸術資料館も円覚寺の敷地跡地よりも若干高くなっている。

石碑は先の第二次世界大戦で破壊され、その残欠が沖縄県立博物館美術館に収蔵されている。この石碑の規格は、『金石文』によれば高さ一六六・〇センチ、幅四九・三センチ、厚さ一一・四センチである[6]。別称「荒神堂之南之碑文」ともいう。漢文で刻まれている。

1　『由来記』一八九頁以降参照。
2　『写真集　首里城』（首里城復元期成会那覇出版編集部編、一九九二）一四七参照。
3　『由来記』一九〇頁参照。
4　『由来記』一九六頁参照。
5　琉球国旧記について本書では『訳注　琉球国旧記』（原田禹雄訳注、二〇〇五、榕樹書林）を参照した。同書二七〇頁参照。
6　『金石文─歴史資料調査報告書V─』四一一頁参照。

〈建立の目的〉

この石碑も『万歳嶺記』や『官松嶺記』と同じ年に刻まれた。碑文によれば、偉大な尚真王が壮麗な円覚寺を創建したこと、その背後地に松を植えさせたこと、そこから見上げる首里城の正殿や円覚寺の伽藍の美しさ、荒神堂の背後から円覚寺龍淵殿の背後にかけて広がる松林の豊かさ、そして全盛時代を迎えた王朝を賛美する文を記しているのである。

〈訳文〉

【円覚禅寺記《えんかくぜんじき》(1)】

今の国王尚真《しょうしん》は、生まれつき非凡な資質を身につけ、生まれながらに立派な徳を備えておられる。天下において人として変わらぬ正しい道を保ち、国家を安定させておられる。［王は］国家統一の大事業を営み、永久に平安な世のための事業を始められたのだ。

天下はよく治まって平和であり、環境は全てに至っている。晴れといえば晴れとなり、雨といえば雨となる。天下はしっかりと打ち解けて、万民は潤っている。

［王は］大きな仏殿(2)を厳かに仕立てて円覚道場(3)を創建なさった。美しい本殿や麗しい門、模様や絵で飾った梁や大きな軒、鐘撞き堂や時を知らせる高殿《たかどの》(4)は、選りすぐりの良工がその立派な技を尽くしてこしらえた。

道を異《こと》にする外国や、老若や身分の高低を問わず、全ての陸地の果ての果てまでも(5)、波のように伝わる国王のめぐみを共に受けた。税を割り当てなければ［人々は］親を慕う子どものように集う。国王はすぐさま公卿《くぎょう》(6)、大夫《たいふ》(7)、士、庶民達に告げて、「おのおの若松一株を植えて、後世の人々へ広く示せ」と仰せになると、歓びの声が同時に応えた。

道を整備すれば絶えることなく続き、［松の］林は豊かに増えて大きな丘となる。ついに［この場所は］南海で最も人の集う場所となった。

この山に登り、王宮と仏寺とを仰ぎ見れば、高く広々として美しく立派である。腰を下ろし跪《ひざまず》き畏まって［寺に］お辞儀する者もあり、伏して頭を地につけて［寺を］拝し(8)合掌する者もあった。

みなが、［王の］万歳を唱えてもむなしく過ぎ去ることはない。立派な徳が極まった時代に遭遇して、［立派な徳の穏やかな］日陰に天下の人々は喜び笑う。［このような時代は］大昔の代々の祖先もいまだかつて見聞きしたことはないのだ。

禅宗の寺院(9)に礼儀と音楽はにわかに盛んとなり、これによって詩をつくることができる。これによって歌うことができる。

鉄のような石に刻んで後の人々に［この事を］留めておく。

大明弘治十年（一四九七）丁巳《ていし》の年の秋九月吉日に建立した。

球陽の天界精舎(10)、浙東《せっとう》(11)の大嵩鄭《てい》(12)氏臣僧　釋《そうしゃく》(13)の周雍《しゅうよう》(14)が丁重に著した。

(1)**円覚禅寺**　首里城の北側に位置した琉球最大の臨済宗の寺院。山号は天徳山。第二尚氏王家歴代の位牌を納める寺。寺は第二次世界大戦で消失したが、総門は復元されている。総門の内側に放生池と放生橋が修復されている。

(2)**大きな仏殿**　原文「宮闕」は宮殿の意だが、ここでは円覚寺の主要伽藍である仏殿と龍淵殿を指している。

(3)**円覚道場**　道場には修行の場、僧堂の意がある。つまり寺院のこと。

(4)**時を知らせる高殿**　原文「皷閣《こかく》」。皷つまり鼓には時間の単位の意があり、閣は高殿の意なのでこのように訳した。

(5)**全ての陸地の果ての果て**　原文「率土《そっと》之《の》濱《ひん》」。典拠は『詩経』小雅。

(6)**公卿**　三公、九卿の略。三公は中国の後漢時代までは政治の中枢を担う重要な三名の大臣のことを指した。九卿は九つの中央官庁の大臣のこと。尚真王時代の琉球では黄冠《きいろはちまき》を許された三司官クラスの高級役人層を指している。

(7)**大夫**　官位にある者の尊称。公卿が地元琉球出身の官僚を指し、大夫は久米村出身の官僚を指すか。

(8)**伏して頭を地につけて拝し**　原文「頂禮」。インド古来の最敬礼の形式。

(9)**禅宗の寺院**　原文「叢林」。円覚寺は臨済宗である。叢林は禅寺の意。

(10)**球陽の天界精舎**　妙高山天界寺。玉御殿の東側にあった大寺院。第一尚氏王朝の尚泰久王が創建した。

(11)**浙東**　中国南部浙江の東部地方を指す。つまり周雍は浙江出身の中国人である。

(12)**大嵩鄭氏**　不明。鄭は周雍の姓だと思われるが、大嵩はよくわからない。

(13)**僧釋**　釋は釈迦の略。僧侶の称。

(14)**周雍**　『由来記』は芥蓙和尚以来、五人目の住持として浙東熙山周雍《きざんしゅうよう》和尚と記しており、* 当時天界寺の住持だった彼は後に円覚寺の住持となった。

*『由来記』一九八頁参照。

8　國《こく》王《おう》頌《しょう》徳《とく》碑《ひ》（荒《こう》神《じん》堂《どう》之《の》北《きた》之《の》碑《ひ》文《ぶん》）

尚真王二二年（弘治一一年・一四九八）

「崛《たか》く生《う》まるる賢王《けんおう》、號《ごう》を尚真《しょうしん》と賜《たま》う」

※崛生とは抜きん出た素質のこと。

—中華の高官、優れたる王の徳を顕彰し、その臣下を称える—

〈所在地〉

碑文によれば、この石碑は荒神堂の北側に設置され、先の円覚禅寺記と並んで建っていたのである。石碑は先の第二次世界大戦で破壊され、その残欠が沖縄県立博物館美術館に収蔵されている。この石碑の規格は、『金石文』によれば高さ一六三・〇センチ、幅五九・二センチ、厚さ一七・〇センチ[1]である。別称「荒神堂之北之碑文」ともいう。漢文で刻まれている。

1　『金石文—歴史資料調査報告書V—』四二頁参照。

〈建立の目的〉

尚真時代のこれまでの碑文と異なる点は、この碑文が久米村の官人によって刻まれていることである。以前の碑文は僧侶が撰者となっていた。

碑文の前段は琉球と中国との関係を語っているが、一四九七年に程璉《ていれん》等が王命によって明に派遣された帰路、福建の高官許天錫《きょてんしゃく》に謁見して主君尚真の徳の高さと功績を述べ、許から尚真に対する賛辞を贈られた経緯を述べている。

この碑文も、中国皇帝への朝貢、留学生の派遣、中国暦の利用など明国出身の久米村官僚達から見た尚真王の功績を刻んでいる。

〈訳文〉

【国王頌徳碑】

大琉球国王の徳を褒め称える碑文である。

大琉球(1)は［中国の］東南の海にある島国である。昔から中華との通交はなかった。元《げん》王朝(2)の初めに朝貢するよう促されたが、通交するには至らなかった(3)。

偉大である我が太祖高《こう》皇帝(4)だけが、ただ天に従って運をお開きになり天下を統一なさったのだ。ここに、遠い辺境の地の内と外とにおいて臣下として服従しない者はいない。

この時［琉球は］他より先に入貢(5)したので、他国と比べて明らかに異なり天子に目をかけられた(6)。永楽の初め頃、はじめて冊封《さくほう》され王爵を受けて以来百余年(7)、貢ぎ物を献上して益々皇帝を敬っている。

弘治丁巳《こうじていし》（十年。一四九七）の年の秋、国の大夫程璉《たいふていれん》(8)、長史梁能《ちょうしりょうのう》(9)、通事陳義《つうじちんぎ》(10)はご命令をうけたまわり、尚真王に都へ朝貢することを命じられた(11)。［程璉らは］任務を完了して三山(12)を経由し、翰林庶吉士《かんりんしょきつし》の許《きょ》天錫《てんしゃく》(13)に面会して［次のとおり］申し上げた。

「球陽(14)は天子に冊封された国(15)であり、次々と経た時代は久しいのです。考えるに今の王は、大いに立派な徳を持っておられ、冊封《さくほう》を中国に受けて年を経て(16)おられます。

［王は］朝は早くに起き、夜は遅くにお休みになって、力の限りを尽くしてお考えを巡らし、［中華の］文化や制度(17)によって［国を］安定させておられます。

これより先、由緒正しい制度(18)に則《のっと》って、陪臣《ばいしん》の子を大学に入学させることを請い(19)、天朝(20)の仁愛と正義、礼儀と音楽の教えを徐々に理解させ、これによって国の制度を盛んにしておられます。確かに［王は］国を治めて、古いことを厳しく廃棄しておられるのです。(21)

［暦に関する］書はすでに持っておられましたが、王は暦を［皇帝に］請い、これに則って大統暦《だいとうれき》法を

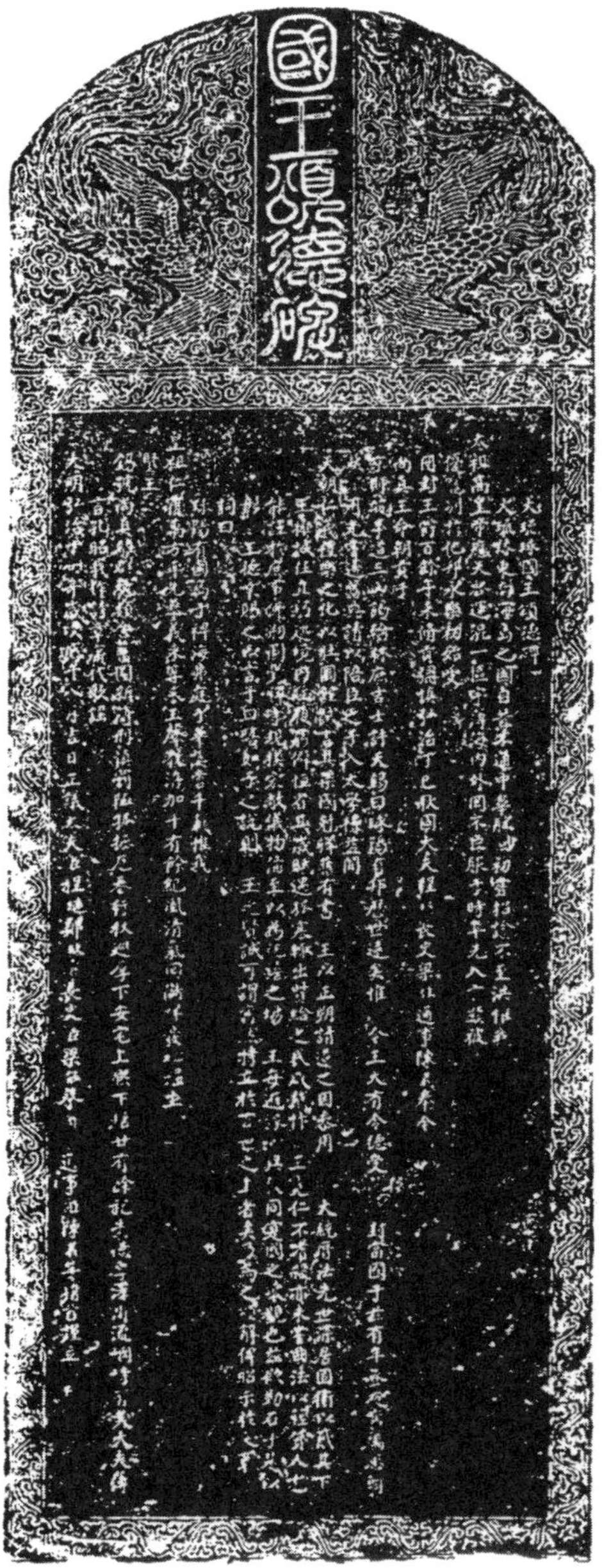

［国王頌徳碑碑文］沖縄県立図書館蔵

交えて用いて[22]おられます。

［王の］父祖の昔は住まいを固く守り、下々の民とは離れて[23]おられましたが、王は真心を広く施され、あろうことか自ら担って国内を巡り、［国の］片ほとりまでも踏み歩かれました。

［また王は］常にその年の税を省みられ、寄る辺ない貧しい生活［を送る者］に思いがけず出会われれば、直ちに金銭を支出してこれにお与えになりました。民はみな喜び感激しております。

王は思いやりがあって人の命を絶つことを好まれませんが、しかし未だかつて法を曲げて軽々しく人をお許しになったこともありません。とりわけこのように全てのことを慎重にしておられます。

［また王は］仏教を円覚禅寺[24]で起こされました。［円覚寺の］規模は広く平らかで、礼儀に供える物品は十分に行き届いており、仏に祈り礼を行って幸いを得る場となさいました。

王は遊び楽しまれるたびに、必ず民と共におられます。まことに［この］国の美しい眺めなのでございます」

そうであったので、王の徳が彰《あきら》かであることを石に刻もうと考え、幸いにも［許天錫に］お言葉を賜った。

「ああ、あなた方が述べたとおり、王の才能と徳こそ確かに後世まで人々の主君として仰がれ、際だって勇ましい者と申し上げるべきであろう。まさにこれは賛辞であって、［琉球の］子孫にはっきりと示させよう、と」

「球陽は小さな海の［小さな］島で国を保っている。中華に朝貢しなければ、どうしてただの千年［も続く］であろうか［中華に朝貢すれば、万年も続くであろう］。

考えるに、我が皇祖の大いなる慈しみは、天下のいたる所までも覆っている。王は即位するや他より先に［中華の］正義を慕い、使者を遣わして貢ぎ物を献上なさった。[25]度々、［天子が琉球の］人民を感化する恵みをお与えになること百数十年、[26]清らかな教化の大いなる気が［琉球の国土を］包み、はじめて物事が広く起こったのだ。[27]

一人抜きん出て生まれ出た賢き王は、尚真と号を賜い、群を飛び抜けて類《たぐい》無く優れておられ、古きことを捨て、新しきことを手にされたのだ。

［王は］刑法を簡潔にして罰することを慎重になさった。

［王は］孤児や子のいない老人を救済して災難をお救いになった。

春は行き秋は巡って、下々を厚く安らかに住まわせられた。

臣下達を盛んにして民を安らかにすること二十有余年、[28]徳を貴び恵みは手厚いのだ。

川は［悠々と］流れて、嶺は［遥かに］高くそびえ立つ。

立派な大夫[29]がいて、甚だ明らかなことを言う。我らは［高尚な］詩や文章を作るのであって、どうして童謡や民謡に代えることができようか、と」

大明弘治十一年（一四九八）戊午《ぼご》の年の八月吉日

正議大夫の臣程璉、鄭玖《ていきゅう》、長史の臣梁能、蔡賓《さいひん》、通事の陳義等が膝を折り額《ぬか》ずいて、丁重に建立した。

（1）**大琉球**　『明実録』の琉球史料（一）』の太祖実録の注において「琉球」とは元々台湾を指していたことは明らかであると記し、明代は沖縄を大琉球と、台湾を小琉球と呼んだ、とする。*

＊『明実録』の琉球史料（一）』六三頁（五）、八六頁（一九七）参照。

（2）**元王朝**　原文「勝国」。敗れた王朝、滅んだ王朝の意がある。明王朝は元王朝を北に追って中国を支配した。

（3）**通交するには至らなかった**　この一文は極めて重要である。一六五〇年に編纂された『中山世鑑（以降「世鑑」）』は、七世紀初め頃に隋の煬帝が二度琉球に派兵したが、二度とも捕虜を連れ帰っただけで、以来唐宋の時代に至るまで中国に朝貢することは無かった、[*1]と記す。これが琉球の史書において、琉球と中国との関係を語った初見である。『世鑑』の編纂者向象賢が、夏子陽《かしよう》の『使琉球録』を参考にしていることは、既に原田禹雄氏が指摘しているところで、[*2]『世鑑』のこの部分の記述は夏子陽『使琉球録』中の「大明一統志」を引用している。『世鑑』は記述していないが、「大明一統志」は隋の記述に続けて「元は、［琉球に］使を遣わして詔諭せしめたが、とうとう従わなかった[*3]（原田禹雄訳）。」と記述している。

そうであれば、尚真王の朝廷は天順五年（一四六一）に編纂された「大明一統志」の内容を既に把握していたことになる。

＊1中山世鑑について本書では『訳注中山世鑑』（諸見友重訳注、二〇一一、榕樹書林）を参照した。同書三九頁参照。

＊2『冊封使録から見た琉球』（原田禹雄、二〇〇〇、榕樹書林）六八頁参照。

＊3夏子陽『使琉球録』について本書では夏子陽『使琉球録』（原田禹雄訳注、二〇〇一、榕樹書林）を参照した。同書一六一頁参照。及び『明代琉球資料集成』（原田禹雄訳注、二〇〇四、榕樹書林）一一九頁参照。

（4）**太祖高皇帝**　明王朝の創業者朱元璋（一三二八年～一三九八年）のこと。字は国瑞。一三六八年に即位。元号により洪武帝と呼ばれる。

(5)**他より先に入貢**　『明実録』によれば、太祖は洪武五年（一三七二）に使者楊載を琉球に派遣した。この年一二月、琉球国中山王察度の使者として弟泰期が初めて入貢した。*

＊『明実録』の琉球史料（一）』三五頁（三）参照。

(6)**天子に目をかけられた**　尚円王の治世までの琉球は他の国と違い「朝貢不時」、つまり何時でも朝貢してよい特別な国であった、ということを述べる。

(7)**永楽の初め頃、はじめて冊封され王爵を受けて以来百余年**　『明実録』によれば、永楽二年（一四〇二）に琉球で初めて冊封されたのは察度王の子である武寧王である。* 以来、この年まで九七年になる。

＊『明実録』の琉球史料（一）』四四頁（六）参照。

(8)**大夫程璉**　大夫とは久米村の官名。紫金、正議、中議の級がある。紫金大夫は久米村総役を兼ねて久米村の首席。総役は総理唐榮司《そうりとうえいし》とも称した。*1 程璉の出自は不明。久米村とは閩人三六姓の居住する村、クニンダのこと。クメムラが訛ってクニンラ、クニンダに変化したという。*2

＊1『由来記』五五頁参照。

＊2『球陽　原文編』五九頁参照。

(9)**長史梁能**　長史は久米村の官名。この時代は進貢を掌る。梁能は『呉江梁氏家譜（亀島家）』中「呉江梁氏の旧案中に見える祖先が不明で家譜が無い者の録」によれば「正議大夫の能　弘治十年丁巳七月一三日に進貢の為に、［王命を］奉じて長史として使者となり正議大夫程璉等とともに福建を経由して都に赴いた」*とある。

＊『那覇市史　資料篇第1巻6　家譜資料（二）下　久米村系』（那覇市企画部市史編集室編集、一九八〇）七五五頁参照。

（10）**通事陳義**　通事は通常、通訳のことだが久米村の官名でもある。陳義は『陳姓家譜（仲本家）』によれば「四世の正議大夫、諱は義。居敬と号した。長男。生日、母、妻、官職経歴、享年、葬年月は共に伝わらず*」などとある。しかし、弘治十年の出使の記録はない。

＊『那覇市史　資料篇第1巻6　家譜資料（二）下　久米村系』四八七頁参照。

（11）**朝貢することを命じ**　『歴代宝案』一の二四の一四によれば弘治十年七月一三日付けで、正議大夫程璉を遣わす符文がある。*1 符文とは、琉球国王が中国へ派遣する使節に与えた身分証明書のこと。*2

＊1『歴代宝案　訳注本第二冊』二六頁参照。

＊2『球陽　原文編』七五頁参照。

（12）**三山**　福建城内の九仙、閩山、越王の三山を指しており、即ち福建城の別称。

（13）**翰林庶吉士の許天錫**　翰林院とは明清代、文書を立案する役所のこと。庶吉士はその翰林院に成績優秀により入庁した進士のこと。進士とは官吏登用試験に合格した者。

（14）**球陽**　琉球の雅名。日本は扶桑とも表現される。

（15）**天子に冊封された国**　原文「邦」。邦とは天子に封建された諸侯の国の意。よって、この時代の琉球の朝廷は、武寧王の冊封をもって琉球が形式的に国外の諸侯になったと認識している。

（16）**冊封を中国に受けて年を経て**　『明実録』成化一四年（一四七八）四月条に、尚真の冊封を発令する記事がある。*実際に冊封使が琉球に到着したのは翌年のこと。冊封を受けて以来二十年が経過している。

＊『明実録』の琉球史料（二）』五六頁（三二二）参照。

（17）**文化や制度で**　原文「思輯用光」。光を文化や制度と訳したのだが後考を待つ。

(18)**由緒正しい制度**　『明実録』洪武二五年(一三九二)五月条に、中山王察度が従子(イトコの子)の日孜毎、闊八馬、寨官(豪族的有力者)の子仁悦慈を国子監に入学させた記事がある。*これが琉球が官生を派遣した最初である。

*『明実録』の琉球史料(一)』四〇頁(四〇)参照。

(19)**陪臣の子を大学に入学させることを請い**　陪臣とは天子に仕える諸侯の臣下のこと。つまり、尚真の臣下の子を大学、すなわち国子監に入学させたということ。国子監は、貴族及び全国の挙人(官吏候補)を集めて教授した学校のこと。『明実録』によると、尚真はこの碑文の建立者の一人である蔡賓ら五名を留学させることを請い許されている。*

*『明実録』の琉球史料(二)』五七頁(三九)参照。

(20)**天朝**　中華の王朝、つまり明王朝のこと。

(21)**国を治めて、厳しく古いことを廃棄**　原文「其槩國尅擇舊」。前掲(17)同様。後考を待つ。

(22)**大統暦法を交えて用いて**　大統暦は明代の暦法。劉基が洪武三年に戊申大統暦を作り、その後元統が同一七年に甲子の年を暦元とする『大統暦法通軌』を著してその大成を図った。明末に至るまで採用された。文頭の原文「有書」について、尚真がすでに暦に関する書を持っている、と訳した。そうすると「大統暦法を参用」することにつながっていく。つまり、参用とは「交えて用いる」の意があり、大統暦と同時に別の暦法を用いていたとの解釈ができる。

(23)**下々の民とは離れて**　原文「以貳其下」。前節も含め後考を待つ。この部分について塚田清策は「以式其下」とする。*

*『琉球國碑文記の定本作成の研究』(塚田清策、一九七〇、学術出版会)七二頁参照見。

(24)**円覚禅寺**　『7　圓覺禅寺記』の注(1)参照。

(25)**使者を遣わして入貢し貢ぎ物を献上した**　原文「來王來享」は、中華周辺の国王が位をついで初めて皇帝に謁見し、貢ぎ物を献上する意。

(26)**恵みをお与えになること百数十年**　原文「十有餘紀」。紀には一二年の意がある。察度が入貢した一三七二年を起点にして、この年までの一二七年を指している。天子の恵みとは、冊封儀礼や暦の下賜などによって人民を教化すること。

(27)**広く、物事がはじめて起こった**　原文「儲祥《ちょしょう》發祥《はっしょう》」。発祥には「初めて起こる」の意があるが、儲祥の儲にも発と同じく「ひらく」の意があり、同様の意と考えて両方併せて、このように訳した。

(28)**安らかにすること二十有余年**　(15)のとおり、尚真が冊封を受けてこの年まで二十年。

(29)**立派な大夫**　程璉をはじめとする琉球の使節達のこと。琉球は中華の教化を受けて立派な国になるのだ、と琉球の臣下達が述べていることを評している。

9　サシカエシ松尾《まつお》ノ碑文（大道毛《うふどーもう》の碑文）　尚真王二五年（弘治十四年・一五〇一）

「之《これ》に叛《そむ》くこと有らば、則《すなわ》ち不孝之孫《ふこうのまご》、不忠之臣《ふちゅうのしん》たり」

―大道毛に林立する松が奏でる爽やかな潮風の音―

〈所在地〉

塚田清策は著書において、この石碑について「円覚寺創立の四年目（一五〇一）に円覚寺維持のために寺側の空閑地に松を植え、永代補修の資財とすることにしたのを、後世に伝えるためにこの碑を建てた」[1]としているが、この文は東恩納寛惇『南島風土記』の「円覚寺松尾」[2]をほぼ引用している。しかし、東恩納の考察は後出『円覚寺松尾之碑文』の説明であり、塚田の説明は正しくない。ちなみに松尾とはマーチューに漢字を作ったもので、松の茂った場所の意である。

その東恩納寛惇が「附近一帯の松林は上下《かみしも》ミヤキジナハの連続で「差帰松尾」と称し、大明弘治一四年六月建立の「さしかへし松尾碑」に其の由来を刻してある」[3]と記すとおり、この石碑は万歳嶺から官松嶺を経る道を下り、サシカエシ橋を渡ってまた上り坂となる道筋の何処かにあった。『沖縄大百科事典』は、現在の沖縄ホテル附近の丘がサシカエシ松尾、すなわち大道毛と呼ばれていた、と記す[4]。

歴代の冊封使《さくほうし》も大道毛と思われる場所について著書で記している。汪楫《おうしゅう》は「ここ［（崇元寺）］を過ぎると松嶺である[5]（原田禹雄訳）」と述べる。また、徐葆光《じょほこう》は「岡を過ぎること二里ほどで差回橋《さしかえし》である[6]（原田禹雄訳）」と述べる。徐葆光は崇元寺から岡を越えるとサシカエシ橋で、さらに岡を登ると官松嶺、万歳嶺に続くと記述している。汪楫が記す「松嶺」と徐葆光の記す「岡」こそが大道毛即ち差帰松尾であろう。現在、那覇市大道地内にある沖縄ホテルの背後地は、南北に長く東西に短い範囲で現在も盛り上がった地形となっている。この辺りに石碑は建っていたと考えられるが、詳しい場所は最早わからない。石碑は先の第二次世界大戦で破壊され、拓本だけが残っている。『金石文』に『円覚寺松尾之碑文』として掲載されている拓本の写しは、実は『サシカエシ松尾ノ碑文』である。この石碑の規格は、『金石文』によれば高さ九九センチ、幅三七センチである[7]。別称「大道毛之碑文」ともいう。漢文で刻まれている。

なお、塚田清策は前出著作で、サシカエシ松尾ノ碑文とは別に大道毛之碑文があると記すが、もちろ

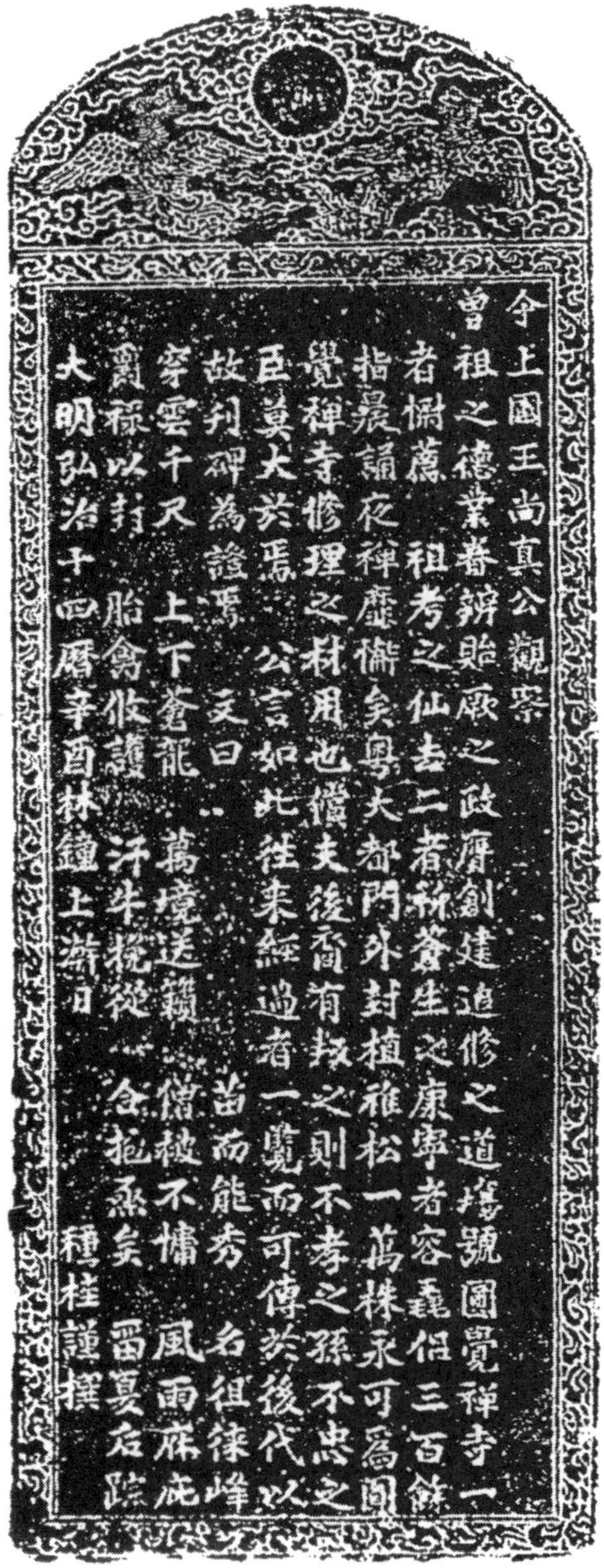

［サシカエシ松尾ノ碑文］沖縄県立図書館蔵

ん誤りである。

ちなみに、サシカエシとは『旧記』によれば、「北山[8]の船がこの入江に来て停泊した。海水が満潮になると、川の水がおしかえされることがあったので、その橋を指帰といったのである（原田禹雄訳）」とある。原田氏は注において、僧の日秀が妖怪のわずらいを除くために碑を建てたので、サシカエシもこれに基づくものであろう、と記す。

1　『琉球國碑文記の定本作成の研究』二二五頁参照。
2　『東恩納寛惇全集7　南島風土記』二二三頁参照。
3　『東恩納寛惇全集7　南島風土記』四九七頁参照。
4　『沖縄大百科事典』（沖縄大百科事典刊行事務局、一九八三、沖縄タイムス社）上巻三一〇頁参照。
5　汪楫『冊封琉球使録三篇―中山沿革志・使琉球雑録・冊封疏鈔―』七三頁参照。
6　徐葆光『中山伝信録』一二八頁参照。
7　『金石文―歴史資料調査報告書V―』二一七頁参照。
8　『訳注　琉球国旧記』二二九頁参照。

〈建立の目的〉

碑文の前段では、祖先の供養と人民の安寧のために円覚寺を建立した経緯、及びその円覚寺の修理用の材木として一万株の松の苗を植えたことを語っている。そして後段で、何人《なんぴと》たりともこの松を円覚寺の修理以外には用いてはならない、とする強い禁止の意思を国王の「公言」として提示している。後出の『円覚寺松尾之碑文』も同様の目的で同じ年の同じ月に建立されている。

〈訳文〉

今の国王の尚真公(1)は、曽祖父の立派な行いと事業(2)を明らかにし、子孫が受け継いだまつりごとを振り返って、(3)追修《ついしゅう》の道場(4)を創建して円覚禅寺《えんかくぜんじ》とお名付けになったのは、一つには祖先の死を慰めて供物《くもつ》をそなえるためであり、二つには民衆の煩いの無い安らぎを祈る為なのである。

僧服で身繕いした僧侶三百人余りが、夜明けに直立して経を唱え(5)、夜は静かに黙念して怠ることはない。

「大都門《だいともん》の外(6)に若松一万株を植えたのは、永く円覚寺の修理用の材木に用いるためなのである。もしも、子孫がこれに叛くことがあれば、不孝の孫、不忠の臣であり、これに勝ることはない」

［国王が］公《おおやけ》に発するお言葉はこのようであるので、行き来して通り過ぎる者に見せ、後の世代に伝えなければならない。よって、石碑を刻みここに明らかにする。

その文(7)に言う。

苗而《しこう》して能《よ》く秀《ひい》で（［松の］苗は豊かに茂り）
徂徠峰《そらいほう》と名づく（［ここを］徂徠峰《そらいほう》と名付けた(8)）
雲を穿《うが》つこと千尺（［松は伸びて］雲を遥か［虚空に］突き通し）
蒼龍上下す（［東方を司る］蒼龍は［松林の上を］ゆらゆらと泳ぐ）

萬境籟《ばんきょうらい》を送り（［松林は］あらゆる場所に爽やかな響きを届け）
僧不慵《そうふしょう》せらる（［その響きは］僧に［修行を］飽きさせない）
風雨の庥庇《きゅうひ》たるに（風雨が強ければ［松林は］覆いとなって［人々を助けたので］）
爵祿をするに封を以てす（その功には爵位で応じよう(9)）
胎禽《たいきん》攸《すなわ》ち護り（胎《はら》んだ獣は［松林で腹を］かばい）
汗牛《かんぎゅう》挽《ひ》き従う（［車を］牽《ひ》いて汗をかいた牛も［松林で］一服する）
合抱《ごうほう》烝矣《じょうたり》て（一抱えもある大きな(10)［さながら国王のような松の］木は［何と］美しく素晴らしいものか）
夏后《かこう》の踪《あしあと》を留《とど》む（［国王のなさる事は］夏《か》の禹王《うおう》(11)の足跡と変わるところは無い）
大明の弘治十四年(12)（一五〇一）辛酉《しんゆう》の六月上旬の日(13)
種桂(14)が丁重に著《あらわ》した。

（1）**尚真公**　この公は爵位の公ではなく、その前に国王と記しているので単なる尊称である。『万歳嶺記』では「君上」とも表現される。

（2）**曽祖父の立派な行いと事業**　原文「曾祖之德業」。『蔡温本世譜』等によれば、尚真の父尚円は、血縁関係が無い第一尚氏王朝の尚徳の子として冊封を受けたことになっている。よって対外的には尚真の曽祖父とは尚徳の父である尚泰久のこと。

（3）**子孫に伝えられた政策をふり返って**　原文「眷辨貽厥之政膺」。貽厥《いけつ》には子孫、伝える、などの意がある。政膺は定かではないが、膺には「受ける」の意もあるので、これを「受け継いだまつりごと」ととらえた。

（4）追修の道場　後から追い修める為、すなわち死者に追善供養を行う為の寺院の意。尚真の祖先を祀ることに円覚寺建立の主眼が置かれていた。

（5）経を唱え　原文「誦」。諷誦《ふじゅ》とは仏教用語で声をあげて経文を読むこと。

（6）大都門の外　待賢門（守礼門）から那覇に向かい緩やかな勾配を下ってゆくと、右手に県立首里高校、左手に安国寺が見えるが、この辺りに守礼門と同型の中山門が建っていた。これが大都門であろう。この二つの門は扉のない坊門という形式である。坊門とは坊、すなわち方形に区切られた街区の門なので、中山門は首里の輿那覇堂、寒川、真和志、金城の四街区を区切る坊門、守礼門は真和志、内金城、当蔵、崎山の四街区を区切る坊門であったのではないか。この中山門の外とは、万歳嶺、官松嶺から大道へと下る坂道から安里にかけての土地のことであろう。

（7）文　辞と同様、文体の名。韻文の一種。韻文とは句末に一定の韻字を用いて、同じ響きを持つように整えた文章、又は詩歌の形式を備えたリズムある文章のこと。

（8）徂徠峰と名付けた　徂徠峰とは大道毛（サシカエシ松尾）という丘に与えられた名称である。徂徠とは「往来」の意がある。首里と那覇とをつなぐ道の途中にある岡の意なのであろう。

（9）爵位で応じ　これは先に紹介した『万歳嶺記』における、秦の始皇帝が泰山で封禅の儀を行った帰途、雨宿りをした松を秦の爵位である五大夫に封じてその恩に報いた故事を引用している。

（10）一抱えもある大きな…　原文の「合抱烝矣」を素直に読めば、「大きな木は美しい」となるのだが、烝には「君主」の意もあるので、後接する「夏の禹王の足跡」とあわせて、このように訳した。

（11）夏の禹王　夏王朝を開いた伝説の帝王。洪水を治めた功績により、舜から帝位を譲られたという。

(12)**弘治一四年**　原文「弘治十四暦」。「弘治十四暦」で「十四年」とするのか、別の訳があるのかわからない。とりあえず「年」と訳した。後考を待つ。
(13)**六月上旬の日**　原文「林鐘上澣日」。林鐘は六月の異称。上澣は月の最初の十日間の意。
(14)**種桂**　『由来記』に、開山の芥隠大和尚以降、四人目の住持として種桂和尚の名が見える。*
＊『由来記』一九八頁参照。

10　円覚寺《えんかくじ》松尾《まつお》之碑文　尚真王二五年（弘治十四年・一五〇一）

「佛心天子《ぶつしんてんし》と謂《い》う可《べ》き矣《かな》」

―仏に篤く帰依した王は円覚寺の補修を見据えて、多くの松を植樹した―

〈所在地〉

『南島風土記』は、円覚寺松尾について「円覚寺付属の松林、尚真時代に、寺側の空閑地を拓いて松を植ゑ、末代収補の資材とした。大明弘治十四年辛酉林鐘上澣日住持種桂撰文の碑その詳を悉している。」[1]と記しており、円覚寺の空き地に松を植え、その場所にこの石碑を建てたことを記す。

ところが、碑文を読んでみると、円覚寺を中心として五里四方にある土地の吉凶を占って松の苗数千本を植えたとしている。円覚寺を中心として五里四方の距離とは、短くて二・五里、長くて約三・五里となる。前出のサシカエシ松尾の辺りと考えられる沖縄ホテルと円覚寺との現在の地図上の距離は約二キロメートルである。三・五里を明代の一里五七六メートルで計算すると二〇一六メートルとなり、円覚寺から五里四方の距離にぴたりと重なる。よって、サシカエシ松尾の伐採を禁止する石碑を円覚寺の近くに建てて、王族、僧侶及び一般の人々に知らしめた可能性が高い。

『金石文』には拓本が掲載されていないので、規格はわからない。漢文で刻まれている。

1　『東恩納寛惇全集7　南島風土記』二二三頁参照。

〈建立目的〉

前出の「サシカエシ松尾ノ碑文」と同様の目的で同じ年の同じ月に建立されている。

〈訳文〉

今の国王尚真君(1)は天命をつつしみ深くお受けになり、生まれながらに御仏《みほとけ》への品物を供えることを知っておられる。深くお考えあそばし、果報を受けることができる歴代の良い行いを放棄することなく、円覚精舎(2)を創建なさった。［円覚寺の］着工を段取りして営造に真心を尽くされた。設《しつら》えられた［仏］像(3)は甚だ美しく、黄金と青白く透明な美しい石とはお互いを映し出し、心静かなる［仏像の］様子は、まさに神の助けなのである。

［王は］仏の心を持っておられる主君(4)と申し上げるべきなのだ。臣の種桂(5)は、王命を逃れることなどできはしない。掘るための斧《おの》を持ち、この山(6)を美しく整えて、この世が平安に治まっていることを言祝ぐのである。

［国王が］公《おおやけ》に発したお言葉(7)を受けて、寺から五里四方の場所(8)で土地を選び、松の苗一千株を植え育てるのは、永く円覚禅寺の修理の材木に用いるためである。

「王族(9)も僧侶も民も、一本の幹、一本の枝さえ自らの為に使ってはならない。まして、僧の弟子ならなおさらのことである」

よって、石碑に刻んで後世に残す。

大明弘治十四年(10)（一五〇一）辛酉《しんゆう》の六月上旬の日、丁重に種桂《しゅけい》が記した。

(1)**尚真君**　君は主君の尊称であろう。

(2)**円覚精舎**　円覚寺のこと。

(3)**像**　円覚寺には、釈迦文殊普賢の木造が安置されていた。写真資料としては鎌倉芳太郎の写真集『沖縄文化の遺宝』に収録されている。*

*『沖縄文化の遺宝』（鎌倉芳太郎、一九八二、岩波書店）七二頁参照。

(4)**仏の心を持っておられる主君**　原文「仏心天子」。梁の武帝の号。姓名は蕭衍。在位西暦五〇二年から五四九年。仏教を厚く信奉し、南朝文化の黄金時代を現出させ、南朝の仏教も絶頂に達した。

(5)**種桂**　『9　サシカエシ松尾ノ碑文』の注(14)参照。

(6)**この山**　この石碑が建っている場所を示していると思われるが、円覚寺敷地の東側から南側にかけてのやや盛り上がった場所であろうか、しかし定かではない。

(7)**公に発したお言葉**　『サシカエシ松尾ノ碑文』中の「大都門の外に若松一万株を植えたのは…」のことであろう。

(8)**五里四方の場所**　原文「一牛鳴之外」。大牛の鳴き声が聞こえる範囲内のことで、五里四方の土地とされる。明の一里は五七六メートル。

(9)**王族**　原文「門葉」。一つの血のつながりのことなので、王族と訳したが、門流、門派、一門の意もあることから、円覚寺の僧のこととも考えられる。

(10)**弘治十四年**　原文「弘治十四」。「年」を加えた。

11　たまおどんのひのもん　尚真王二五年（弘治十四年・一五〇一）

「天に仰ぎ地に伏して祟《たた》るべし」

―王が子孫達に遺した言葉―

〈所在地〉

守礼門の西約二〇〇メートルのところに、第二尚氏王家歴代の王や王族が葬られている玉陵《たまうどん》はある。首里城方向から県道五〇号線を西に向かうと、左側に木立に囲まれた玉陵の参道入口が見える。参道を左折すると右手にある奉円館と呼ばれる建物で入場料を払い、さらに東に進むとフクギなどの木立が途切れて右手に石垣が現れる。石垣の中央にある第一門をくぐると墓の前庭に出る。前庭と内庭とを仕切る石垣に向かって左手に、台座に載ったこの石碑が立っている。『金石文』によれば、高さ八八・〇センチ、幅三〇・五センチ、厚さ九・〇センチとなっている。[1]この石碑は、史上初めて登場する漢字交じりの仮名文で刻まれた碑文である。

中庭から更に中門をくぐるといよいよ眼前に玉陵が

たまおどんのひのもん

現れる。欄干に縁取られ、板葺きの屋根に象った三連の石造建物は、壮麗かつ威厳に満ちている。

〈建立の目的〉

この石碑は訳文のとおり、玉陵の創建者である尚真王がこの墓に葬られる資格がある者の名を刻み、それらの子孫以外の者は葬られてはならない、この碑文に背く者に対しては「祟る」であろうという穏やかならざる文言とともに、強い禁止の意思を第二尚氏王家の子孫に提示している。

［玉陵の碑碑文］沖縄県立図書館蔵

〈訳文〉

首里(1)オギヤカモヒ加那志《かなし》(2)マアカトタル(3)、御一人(4)世添御殿《よそいうどぅん》の大按司《おおあんじ》オギヤカ(5)、御一人聞得大君《きこえおおきみ》の按司オトチトノモイカネ(6)、御一人佐司笠《さすかさ》の按司マナベタル(7)、御一人中城(8)の按司マニキヨタル(9)、御一人今帰仁《なきじん》の按司マモタイカネ(10)、御一人越来《ごえく》の按司マサブロカネ(11)、御一人金武《きん》の按司マサブロカネ(12)、御一人豊見城《とよみぐすく》の按司オモイフタカネ(13)。

「首里の詔(14)によって、以上九人の子孫は千年万年の後に到るまで、この墓に葬られてもよい。もし後世において「この内容を」争う者があれば、この碑文を見よ。この書き付けに背く者があれば天を仰ぎ地に伏して祟るであろう」

大明弘治十四年（一五〇二）の九月大吉日

（1）**首里**　この首里の用法が地名としての首里[*]であれば、「首里に所在するオギヤカモイ[*]」となろう。（14）参照。

＊『沖縄古語大辞典』（沖縄古語大辞典編集委員会編、一九九五、沖縄タイムス角川書店社）三三九頁参照。

（2）**オギヤカモヒ加那志**　尚真王のこと。『蔡温本世譜』はオギヤカモイに於義也嘉茂慧と漢字を作り、尚真の神号と整理する。[*1] 神号とは、即位時に神官から賜る聖名のこと。

東恩納寛惇の『琉球人名考』は、神号のうち真物は「偉大に関するもの」、君志は「日神に関するもの」、勢治は「霊に関するもの」などと整理しているので、[*2] 察度王の神号大真物《おおまもの》は「大いなる偉大者」、武寧の中真物《なかのまもの》は「中心なる偉大者」、思紹の君志真物《きみしまもの》は「日神の如き偉大者」、尚巴志の勢治高真物《せじだかまもの》は「霊威高き偉大者」などと理解できるが、これらは偉大なる統率者を称えたもの、若しくはその人物が備えた聖性を称えたものである。尚真の神号について、東恩納寛惇は「浮揚の意に関するもの」と整理し、強い霊力、聖性が備わった様を表したものとする。

また、加那志は貴人の接尾尊称。

＊1『琉球史料叢書巻四　中山世譜』八四頁参照。

＊2『東恩納寛惇全集6　琉球人名考』（琉球新報社編、一九七九、第一書房）四三四頁以降参照。

（3）**マアカトタル**　尚真の童名《わらびな》。ワラビナとは、その人を表す最も身近な名前である。マアカトタルは『蔡温本世譜』では真加戸樽（金）と漢字を作るが、マは接頭美称、カネは接尾美称で、名前の本体はアカ・オト・タルであろう。アカもオトもタルも単体で童名となるが、三つが複合している。

（4）**御一人**　これは、その後に続く個人名を限定する語である。

（5）**世添御殿の大按司オギヤカ**　尚円王妃にして尚真の母月光《げっこう》のこと。月光とは号であり、琉球の各史料における「号某《なにがし》」とは「某と号《よ》ぶ」若しくは「号《ごう》は某」の意である。琉球で優勢だった臨済宗においては、道号《どうごう》＋戒名《かいみょう》＋位号《いごう》が位牌に記される基本形という。道号とは、禅僧が用いる一種の字《あざな》で恩師から付与される名などとされる。『蔡温本世譜』ではヨソヒを世添と漢字を作る。[*1] ヨソヒは「世を支配する」の意。御殿は貴人の尊称若しくは貴人の家の当主の意。大按司は「偉大なる支配者」の意だろう。よって、月光が「世を支配する偉大なる支配者」という称号をもって尊ばれていたことがわかる。オギヤカは『蔡温本世譜』で宇喜也嘉と漢字を作られ、[*2] 月光の童名と記すが、オギヤカという称号は息子尚真王の神号にもなっているので、或いは世添御殿大按司宇喜也嘉という神号の可能性もある。

＊1『琉球史料叢書　四』「中山世譜」七七頁参照。

＊2『琉球史料叢書　四』「中山世譜」七七頁参照。

(6)聞得大君の按司オトチトノモイカネ　オトチトノモイカネは尚真の姉妹、月清の童名とされるが、神号の可能性もある。尚真との長幼はわからない。聞得大君は琉球国の神女組織の最高神官。後にチフィジンと発音が変化する。王女や王妃、王孫などが就任した。月清をツキキョラなどと読む人がいるが、号は音読みすべきものである。

(7)佐司笠の按司マナベタル　マナベタルは尚真の長女慈山の童名。『蔡温本世譜』は真鍋樽と漢字で作る。[*1] 名前の本体はナベ・タル。ナベもタルも単体で童名となるが、二つが複合している。佐司笠は高級神女の名。真鍋樽の婚家である湧川家の家譜は、真鍋樽の母は天女の娘であると記す。[*2] また、同じく同家家譜によれば、この前年、彼女は父尚真のイトコである魏鼎見里王子朝易との間に長男朝復を生んでいるので、この年以前に婚姻している。よって、神女は夫人即ち婚姻していることが条件であるという陳侃の『使琉球録』の記述内容は信憑性が高い。

＊1『琉球史料叢書巻四　中山世譜』八四頁参照。

＊2『那覇市史　資料篇第1巻7　家譜資料(三)首里系』一七六頁参照。

(8)中城の按司　アンジ又はアジと読む。支配者の意。後出『真玉湊碑文』にも「くにのあんじ」とあり、一七世紀中葉までの石碑にも「あんし」とあるので、アジではなくアンジが発音の古形であろう。また、「くにぐにのあんし」の「くにぐに」とは、この碑文によると「なかぐすくのあんし(中城の按司)」や「いまきしんのあんし(今帰仁の按司)」などと、後世の間切名《まぎり》(当時から間切が存在していたのか、按司が割拠していた領域を間切と呼んだのか定かではないが)を冠して記されるので、「くに」とは間切ほどの領域のことで、つまり国々の按司とは、間切の支配者のこと。

（9）**マニキヨタル**　尚真の五男、後に王位を継承する尚清の童名《わらびな》。『蔡温本世譜』は真仁堯樽金と漢字を作る。[*1] 名前の本体はニキヨタルだが、キヨは先行するニのi音に引かれて転訛したコであったと予想される。ニは元は三母音化によってe音がi音に変化したネであったと予想される。よって、ニキヨタルはネコ・タルであったのだろう。ネコもタルも単体で童名となるが、二つが複合している。ネコは後に三母音化と転訛によりニーグに変化したものであろうか。

＊1『琉球史料叢書巻四　中山世譜』九三頁参照。

（10）**今帰仁の按司マモタイカネ**　尚真の三男今帰仁王子尚韶威の童名。『王代記』[*1] は真武體金と漢字で記す。名前の本体はモタイ。後に北山監守に任じられ今帰仁城に居住する。向氏具志川御殿の始祖。[*2]

＊1『王代記』は『蔡温本世譜』における王や王妃、夫人、王子らの生年、没年、婚姻などの情報を集めて編纂された書。ただ、夫人や王子などの墓所などが記されているところが、『蔡温本世譜』とは異なる特徴を持つ。

＊2『那覇市史　資料篇第1巻7　家譜資料(三)首里系』二六〇頁参照。

（11）**越来の按司マサブロカネ**　尚真の四男尚竜徳のこと。『王代記』は真三良金と漢字を作る。名前の本体はサブロ。向氏嘉味田殿内の始祖。[*1]

＊1『那覇市史　資料篇第1巻7　家譜資料(三)首里系』三一一頁参照。

（12）**金武の按司マサブロカネ**　尚真の六男金武王子尚享仁のこと。『蔡温本世譜』にも『王代記』にも童名は記されていないので、この碑文のみが尚享仁の童名を伝える。子孫は残っておらず、『王代記』によると位牌は天界寺にあった。兄とされる四男の越来王子と童名が同じである理由はわからない。

（13）**豊見城の按司オモイフタカネ**　尚真の七男豊見城王子尚源道のこと。尚享仁と同様、『蔡温本世譜』にも『王代記』

にも童名は記されていないので、この碑文のみが尚源道の童名を伝える。オモイは接頭美称、名前の本体はフタ。「無後」、つまり子孫はないと記されるが、尚真の長男尚維衡の『向姓家譜(小禄家)』によれば、尚維衡の長男尚弘業の室は尚源道の娘と記されている。* 琉球の史書において、「無後」という表記は「男子がいない」という意味である。『王代記』によると位牌は天界寺にあった。

＊『那覇市史　資料篇第1巻7　家譜資料(三)首里系』二〇一頁参照。

(14)**首里の詔**　原文「志よりの御ミ事」。この首里の用法が詔を発する主体としての首里であれば、*「王のみことのり」という意味になり理解しやすい。そうであれば、(1)の「首里に所在するオギヤカモイ」は「王であるオギヤカモイ」となる。

＊『沖縄古語大辞典』三三九頁参照。

偶感雑感寸感① たまうどんの被葬者の謎

この碑文は、尚真王、その母と妹、尚真王の子六名とその子孫以外が葬られることは罷り成らぬ、という内容である。しかしその後の埋葬状況を見ると、これらの人の子孫が全て玉陵に葬られることを保障したのでないことがわかる。碑文に名を刻まれた者であれば男子の後継者を得なかった者は玉陵に葬られることを許可する、又は男子の後継者がいても本人までは葬られてよい、という程の意味であろう。

玉陵創建当時、王子の筆頭にあげられている尚清でさえ五歳、以下は推して知るべしである。つまり、尚清はこの時点で中城王子の称号を帯びて後継者の扱いを受けてはいるが、まだ実際に王位を継承できるかわからない状況のもと、尚真は碑文を書いたのであろう。尚清が早世すれば、他の男子にも王位継承の可能性があったのである。しかし、結局王位は予定どおり尚清が継承して、その後も尚清の子尚元《しょうげん》、孫尚永《えい》が順調に即位した。

この碑文の大きな謎とされているのは、尚真の長男尚維衡《しょういこう》と次男尚朝栄《ちょうえい》の名が無いことである。これについて、尚維衡の家系の家譜である『向姓家譜（小禄家）』は「正徳三年戊辰に世子《せいし》となって立ち、自らつつしみ深く［父を］重んじて仕えること数年を経た。不幸にも王の［子に対する］めぐみを失って郊外に逃れ住み、とうとう即位することはなかった」と記すが、何故父王の愛を失ったのかわからない。

『世鑑』の総論は「異母の讒言《ざんげん》に遭い」と記す。この記述から派生したものか、尚維衡の異母弟を王位継承者とするために、その母、つまり尚真の側室が色仕掛けで尚維衡を陥れ尚真に追放させたとの説があるが、建碑の年でさえ未だ八歳の尚維衡が父の側室に色仕掛けなど、全くの荒唐無稽である。

しかも、家譜によれば尚維衡が浦添に追われたのは正徳三年（一五〇八）以後のことで、この石碑が建てられた一五〇一年より七年以上も後のことであるから、碑文にその名が無いことと、家譜の内容は対立することになる。尚維衡の名がこの碑文に刻まれなかった理由は、もっと別のところにあったと考える他はない。

ところで、その尚維衡が玉陵に葬られていることについて、『向姓家譜（小禄家）』は「尚清王が兄尚維衡に対する追慕の念を禁じ得ず、先王の葬礼を以て浦添極楽陵から移葬した」と記す。尚真が定めた禁止措置は、早くも息子尚清によって破られたことになる。

その後、尚清の子孫が王位を継承したので、玉陵は尚清直系の墓になり、他の男子と同様尚維衡の子孫は別に陵墓を求める必要ができ、尚維衡の直系尚寧は極楽陵を自家の家系の墓としたのであろう。

12　百浦添《ももうらそえ》之欄干《のらんかん》之銘《のめい》

尚真王三二年（正徳三年・一五〇八）
尚真王三三年（正徳四年・一五〇九）

「殿閣《でんかく》之《の》制度《せいど》を堅《かた》くし、以《もつ》て萬世に傳《つた》えんが爲也《ためなり》」
―正殿を飾る美しき欄干を築いて、偉大なる時代の十一の出来事を刻む―

〈所在地〉

この銘文は石碑に刻まれているものではないが、石碑と同じく石に刻まれていたので、あわせて紹介する。百浦添とは首里城正殿のことである。伊波普猷によれば浦添《うらおそひ》は「浦を襲うという言葉の名詞形で、浦々を支配する所」の意であり、百浦添とは「百浦即ち数知れぬ浦々を支配する局の意で、政令の出づる所」の意であると述べている。モモウラソエは後にモンダスイと発音されるようになる。[1]

この『百浦添欄干之銘』は、正殿正面に設えられた階段から正殿の基壇の縁にかけて整備されている欄干に刻まれていたと考えられるが、このうちのど

首里城正殿前面石欄
（『琉球建築』田辺泰著　1937
座右宝刊行会刊より）

の欄干の手摺《てすり》及び羽目板《はめいた》のどの部分に刻まれていたのかよくわからない。漢文で刻まれていた。

1　『古琉球』（伊波普猷、外間守善校訂、二〇〇〇、岩波書店）「浦添考」一〇六～一〇九頁

〈刻銘目的〉

この銘文は、尚真王の治績を一一箇条にわたって刻んでいるが、二期に分けて刻まれていることがわかる。まず、「臣」と称する臣下が尚真王に欄干を造営する命令を下すよう進言し、そのみことのりを受けて欄干が完成したのが正徳三年（一五〇八）五月、その後、完成した欄干に一一箇条の治世の実績を刻んだのが正徳四年四月である。

一条に記されているのが「仏像を造立し寺を建設した」ということである。この寺が円覚寺を指していることは明らかだ。『由来記』に円覚寺は弘治七年（一四九四）に完成したとされている。[1]

三条に記されているのが「太平山の征伐」であり、これはこの銘文に弘治一三年（一五〇〇）のことと明記されている。

九条に記されているのが「中国への朝貢が三年に一度から一年に一度に改められた」ことであり、これは『明実録』に、琉球から一年一貢の願いがあり、明の官僚は反対したが、武宗皇帝が許可したことが記されている。[2]

一一条には「正殿に欄干を造営したこと」が記され、それはこの銘文のとおり正徳三年（一五〇八）五月のことである。

これらのことを考えると、この一一箇条の実績は年代順に並べられていることが予想される。

尚真の治世に、円覚寺の創建や版図の拡大、首里城正殿欄干の整備など、琉球国を形作る重要な事業が執行されたことがわかる。これら尚真の治世に行われた多くの実績を後世に伝えるためにこの銘文が書かれたのである。

1 『由来記』一八九頁参照。
2 正徳二年三月条。

〈訳文〉

臣は謹んで中山の世主《よのぬし》(1)の尚真《しょうしん》王に進言した。

「宮殿は大きく立派で美を極めております。そうではありますが、宮殿前の欄干はまだございません。欄干が無ければ宮殿の制度は全て備わったことにはなりません。直ちに青色の石を削り、宮殿へ登る階段の左右の上に欄干を組み上げて、中華の宮殿の制度になぞらえたいと望んでおります」

頭を下げて「欄干を整備せよ、とのご命令を賜るよう」申し上げ、ご命令を承った。

世主は仰せになった。

「朕《ちん》(2)は、いにしえの帝王堯《ぎょう》の宮殿前にある階段(3)は、わずか三段の土でできており、茅葺きの「宮殿の」屋根は端さえ切り揃えていなかったと聞いている。このように質素であったことはそなたも知っていよう。今、もしも宮殿の下に青色の石を削って欄干を組み上げれば、当世の人々は分を超えたものと考えるであろうか。

いや、そもそも石の欄干を組み上げるのは、朕の身分を過ぎた贅沢の為ではないのだ。ひたすら、宮殿の制度を充実させ、千年や万年もの後の世に伝える為なのである」

これによって、臣はうやうやしく勅《みことのり》を承った。

そこで、石職人に命じて欄干を構想させ、玉を刻み磨くような仕事はすでに完成した。［欄干は］優れたるを極め、美しさを極めた。先祖代々の素晴らしい眺めにも、ひけを取らないであろう。

正徳三年（一五〇八）戊申《ぼしん》の年の五月吉日(4)

勅《みことのり》により、この欄干に遺す。

銘に言う。

宮殿は高く広々として、泰山《たいざん》が泰然と動かぬように安からかである。青色の石を削って［宮殿前の階段の］左右に欄干を組み上げた。［欄干の石は］瑪瑙《めのう》(5)に似ており、さながら美しい宝石である。石職人の技術は巧みで、玉を刻み磨くような［繊細な］仕事は完成した。

麒麟《きりん》が現れ、獅子は腰を下ろす。虎は吠え、龍はとぐろを巻く。

背の高い松は盛んに生い茂り、細長い竹は集まって小山となる。

珍しい花や珍しい草、勇ましい是(6)や逞しい山鳥など、動植物が四方に広がる様を一つの欄干で併せて鑑賞することができる。

百姓達は月々に宮殿の下で［王に］拝謁して楽しみ親しむ。

臣下達は日々に宮殿の上で［王と共に］酒食で集い楽しむ。

わが尚真王の生まれつき優れた才能は他に抜きん出て、優れて賢く道理によく通じておられる。行いは三王(7)と等しく、その名は国土の果てまでも聞こえており、明君と言うべきである。王の恵みの潤いは川の流れのように、衰えることなく盛んとなり海に広がっていく。［悠久の時の流れの］わずかな時間の出来事であっても、永久《とこしえ》に素晴らしい眺めなのである。

うやうやしく考えると、当代は［次に］箇条書きした勝《すぐ》れて良い出来事があり、左に記すのは前代を超えて勝っている事柄である。

その一つに言う。［王は］仏教を信奉して仏像を建造し、寺を建設して尊いものを広められた(8)。仏殿、僧侶の居室、経典を納める殿舎、そして鐘楼の瓦で葺いた屋根の棟は連なり接して、大きく立派な様子は美しさを兼ねている。今の世主は、仏教に帰依することを［自らの］お考えとなされた。これはいにしえの漢の明《めい》皇帝、梁《りょう》の武《ぶ》皇帝(9)の二人の皇帝のお心［と同じ］である。

その二つに言う。［王は］臣下には礼儀を正して臨まれ、人民の税金の割り当てを軽くされた。国を統治するために、家を整え治めるように毎日臨んでおられる。このため、多くの人民が王を太陽や月のように崇め、多くの官僚が王を父母のように慕った。上の者も下の者も皆、和《やわ》らぎ睦み合う(10)とは、このようなことを言うのであろうか。

その三つに言う。［中山の］西南の方向に太平山《たいへいざん》(11)という国がある。弘治《こうじ》庚申《こうしん》の年（一五〇〇）の春、［王は］戦艦百隻を派遣して攻めたので、その国の人々は降参の旗を立てて服従した。翌年、［その国の人は］海を渡って来朝し、年貢として麻の繊維で織った布(12)を献上して恭順の意を示した。これにより中山の勢力はいよいよ大きく盛んとなったのである。

その四つに言う。美しい模様のある錦を裁断して服を仕立て、食器には金銀を用い、ひたすら刀剣や矢を蓄積して国を護る鋭い武器とした。(13) この国の金銭と資材、武器は他国が及ぶところではないのである。

その五つに言う。大勢の臣下を官職に任じて職分を定め、位の貴賤と上下をそのハチマキの黄色、赤色、(14) そして簪《かんざし》の金、銀によって定めた。これは後世における尊卑の模範なのである。

その六つに言う。鉢植えには珍しい花が、生け垣には珍しい樹木がある。或いは金銀で小さな船を造って、紅いカズラや紫のムクゲ(15)を生け、或いは銅と真鍮で小さな巻き貝の殻を飾って、低木の花や垣根の花を挿し、正殿と後宮とを一年中春のようにした。これは王がご覧あそばされる美しい眺めなのである。

その七つに言う。宮中の庭や寺院に仮の山と川(16)を築いた。これは国王が遊覧なさる景勝地なのである。

その八つに言う。八種の珍味と九つの黄金の鼎《かなえ》[の器で]で立派な料理を振る舞い、金銭と絹織物、珍しく希な衣服と帯を給わった。或いは、青銅の器に淹れた香り立つ茶や、雷雲紋《らいうんもん》の樽に入れた美しい酒を、或いは壁に掛けられた屏風と掛け軸や、床に設《しつら》えられた管楽器と弦楽器を、賓客は褒め称え臣下と人民は楽しみ賞賛しないことがあろうか。

その九つに言う。琉球国は大明国を頼って、初めて洪武《こうぶ》帝(17)に朝貢し、永楽《えいらく》帝(18)に冊封《さくほう》を受けて以来、進貢船を三年に一度遣わしていた。(19) 今の皇帝陛下(20)が即位なさった時、我が世主は使臣を使わしてご即位を言祝《ことほ》ぎ、朝貢の贈り物をお増やしになった。この時、[皇帝陛下は]三年に一度の朝貢を一年に一度に改められたのである。それはどうしてであろうか。より一層中華と通交するという賢き国の誓いを行ったからである。

その十に言う。［王は］中華の教えによって、この土地の風俗を改められた。そうであったので、朝廷に礼儀を起こし、毎月一日と一五日に［臣下達を王の］左右に並べ、跪《ひざまづ》いて額《ぬか》ずかせ、全ての者に教え知らせた。これによって、皇帝の万歳を言祝ぐのである。

その一一に言う。中華の宮殿の制度にならい、青い石を削って宮殿の下に欄干を組み上げた。いにしえに、このように盛大だったことは無かったのである。

右の一一箇条の勝れて良い出来事は、世主の盛んなる行いと、忠臣達の大いなる手柄ではないか。［中国では］遠くいにしえの帝王に盛んなる行いがあって、臣下に大いなる手柄が有れば、これらを全て儒教の書や歴史の書に掲載して、後世の君臣の模範としたものだ。

今、中山の主君は、最も勝れた知恵と道徳を備えて［盛んな］行いがあり、忠臣には大きな手柄がある。これを金石に刻んで後世の人々に知らせなければ、どのような過去の積み重ねがあるというのか。

これによって、欄の中心(21)に文字を刻み、一一箇条の勝れて良い事柄を述べて欄干の柱に書き記すのだ。

大明正徳四年（一五〇九）己巳《きし》の年の初夏吉日(22)

（1）**中山の世の主**　先にも述べたが、尚真の朝廷は自らの支配する領域を中山と称している。
（2）**朕**　皇帝の一人称だが、ここでは私という意であろう。
（3）**宮殿前にある階段**　原文「堯之宮室土階三尺茅茨不剪」。『史記』太史公自序には「堂高三尺土階三等茅茨不剪」とある。古代の帝王は粗末な宮殿に住んでいたことを伝える。

（4）戊申の年の五月吉日　原文「歳宜戊申螮月吉日」。歳宜には年回りの意味があろうが、よくわからない。また、螮月とはセミの月のこと。『詩』に「五月鳴蜩（五月にセミは鳴く）」とあるので、このように訳した。

（5）瑪瑙　メノウは美しい光沢と縞模様がある宝石。

（6）勇ましい是　原文「珍花異卉猛是健翰」。珍しい花と草を並列している。翰には山鳥の意があり「健翰」を「逞しい山鳥」と訳したが、「猛是」がわからない。文脈からすると何らかの動物を表していると予想されるが、是にはそのような意はないのでそのままにしておいた。そもそもこの訳が見当違いだろうか。

（7）三王　夏の禹王、殷の湯王、周の文王又は武王のこと。

（8）尊いものを広められた　原文「布金」。金つまり黄金は尊いものの意で、仏教そのものを指すか。

（9）漢の明皇帝、梁の武皇帝　前者は後漢《ごかん》の明帝のこと。姓名は劉荘《りゅうそう》。在位は西暦五七年から七五年。使者をインドに遣わして仏法を求めさせ、洛陽に白馬寺を建立して仏教を中国に広めた。後者は南朝梁《りょう》の武帝のこと。姓名は蕭衍《しょうえん》。在位は西暦五〇二年から五四九年。仏教を信奉して中国南朝文化の黄金時代を現出し、その治世に南朝の仏教文化も極まった。

（10）上の者も下の者も皆、和らぎ睦み合う　原文「上和下睦」。典拠は、梁の周興嗣の撰による『千字文』。四言古詩二五〇句一千字から成るので名付けられたという。

（11）太平山　宮古島と八重山島のこと。

（12）麻の繊維で織った布　原文「穀布」。穀は楮《こうぞ》（クワ科の植物）の意だが、楮は布の原料ではないので、苧麻（からむし）のことか。現在も宮古上布は伝統工芸品である。

（13）刀剣や矢を蓄積して国を護る鋭い武器とした　この部分をどのように訳したものか、琉球の刀狩りと理解して、古琉球は武器を持たない国だったと考えている人がいるが、文意からは武器を貯蔵して国の防衛に備えていることは明らかだ。これは、既に原田禹雄氏が訳出*しているところである。

＊『琉球を守護する神』（原田禹雄、二〇〇三、榕樹書林）三三頁参照。

(14) **位の貴賤の上下をそのハチマキの黄色、赤色**　後世位階は正一品から従九品までの一八階にわかれ、ハチマキの色も紫、黄、赤に三分されているが、尚真王の当時は黄と赤に二分されていた。後世は、一品*が王族、二品が紫冠、三品から七品までが黄冠、八品以下が赤冠となる。

＊『球陽　原文編』四四頁参照。

(15) **紅いカズラ紫のムクゲ**　原文「堯紅舜紫」。堯の別名の唐にネナシカズラ、舜にムクゲの意があるのでこのように訳した。カズラとはイカダカズラ（ブーゲンビレア）、ムクゲはアオイ科なのでブッソウゲ（ハイビスカス）のことか。ブーゲンビレアもハイビスカスも赤や紫の鮮やかな花を咲かす。

(16) **仮の山と川**　原文「筑假山水」。枯山水のこと。

(17) **洪武帝**　明王朝の初代皇帝朱元璋。字は国瑞。一三六八年に南京で即位した。元号にちなんで洪武帝と呼ばれる。廟号は太祖。廟号とは、祖先のみたまやである宗廟の称号である。帝号は皇帝の称号のことで、太祖は高皇帝と謚された。

(18) **永楽帝**　明の第三代皇帝。太祖の第四子。姓名は朱棣《てい》。甥の建文帝を追放して即位した。都を南京から北京に移した。在位二二年。廟号は当初は太宗だが成祖に変更された。『明実録』での表示はそのまま太宗とする。

(19) **進貢船を三年に一度遣わして**　銘文中「三年一貢を一年一貢」とするが、『明実録』には「二年一貢」を「一年一貢」としたと記されている。*二年を三年とするのは、尚真の功績を殊更劇的に伝えるための文飾であろう。

＊『明実録』の琉球史料(二)』六三頁(二)参照。

(20)**今の皇帝**　明の第十代皇帝。正徳帝。姓名は朱厚照。仏経、梵語に精通し、大慶法王と自称した。在位一六年。廟号は武宗。

(21)**欄の中心**　原文「于欄之次」。「次」には「次に」の意もあるが、後段で「欄の柱」と記すので、親柱若しくは束柱の中心と訳した。

(22)**己巳の年初夏吉日**　原文「龍舎己巳初夏吉日」。龍集は歳時を表すが、龍舎にもその意があるのか、よくわからない。初夏は陰暦の四月の別称。

13　そのひやふの御嶽の額の字　尚真王四三年（正徳十四年・一五一九）

「おきやかもいかなしの御代《みよ》に」
—たそがれ行く王に、八重山の才人が建てて捧げた石門—

〈所在地〉

この碑文は、首里城近くに所在する園比屋武御嶽《そのひやんうたき》石門の上部、木造建築に象った石造りの庇の下に掲げられている石製の額の中に刻まれている。

〈園比屋武御嶽石門の建立〉

この年を遡ること、九三年前の宣徳二年（一四二七）の尚巴志王治世に建立された、安国山樹華木之記《あんこくざんじゅかぼくのき》を覆うように石門が建設されたと考えられる。

『由来記』は「[この御嶽の]神名はモジロキョウとニギリキョウ。この御嶽の裏に、尚巴志王治世の宣徳二年八月一六日、安国山樹華木記の碑文を建設したが、年を経ること久しく、文字は詳細に読み取ることができない。（略）。三平等《みひら》の大阿武志良禮が崇め奉る場所である。この御嶽の祈願は城内の[他の]嶽と同様である。国王が祈願と祭礼を行う時、[この嶽を]訪れるたびに拝礼をおこなっている」[1]と記す。三平等の大阿武志良禮《おおあむしられ》とは、首里大阿武志良禮、真壁《まかべ》大阿武志良禮、儀保《ぎぼ》大阿武志良禮のことであり、聞得大君の下でそれぞれ南風《はえ》、真和志《まわし》、西《にし》の平《ひら》等の祭祀と管轄の地方ノロを掌った[2]。

『球陽』の一七八条「園比武嶽石門を創造す」において、「今、石碑猶《なお》存す。而《しか》して文字亦《また》不明なり。然《しか》り而して其の神至聖《しせい》、至霊《しれい》にして祈れば必ず之に応《こた》ふ」と記述されていることから、『球陽』の編者は園比屋武御嶽のご神体はこの安国山樹華木之記の石碑そのものである、と考えていた節がある。

また、『球陽』一八六条において、一五〇〇年の八重山征伐の折、中山の将である大里にその器量を見込まれ首里に連れてこられた竹富出身の西塘《にしとう》が、石門建造主取に抜擢され建造したことが記されている。その後、西塘は八重山への帰国を願い、王に許されている。

園比武嶽石門は第二次世界大戦で大きく破壊されたが、復元されている。漢字交じりの仮名文で刻まれている。

1　『由来記』一五三頁参照。
2　『球陽　原文編』四二頁参照。

〈訳文〉

首里の王、オギヤカモイ加那志の治世に建設した。
正徳十四年（一五一九）己卯《きぼう》の年の十一月二十八日

そのひやふの御嶽の文字

14 眞珠湊《まだまみなと》碑文（石門《いしじょう》の西のひのもん）　尚真王四六年（嘉靖元年・一五二二）

「だしか釘つ差しよわちへ。あざかがね留《とど》めわちへ」

—首里城と那覇港とを結ぶ真玉道と真玉橋の完成を言祝ぐ神女の唄—

〈所在地〉

この石碑と次に紹介する『国王頌徳碑』とは、守礼門から首里城向け右手に築かれていた「石門《いしじょう》」と呼ばれた構造物の両脇にそれぞれ建てられていた。石門の形状や場所など詳細は注記の報告書参照。[1] 石門に向かうと右手、即ち西側に立っていたのがこの真珠湊碑文であり別称「石門《いしじょう》の西《いり》のひのもん」である。

二つの石碑は、先の第二次世界大戦で破壊されたが、石門とともに復元されている。

『金石文』によれば、高さ一四五センチ、幅四八・五センチ、厚さ一一・三センチとなっている。[2] 漢字交じりの仮名文で刻まれている。

1　沖縄県立埋蔵文化財センター調査報告書第51集『首里城跡・真珠道跡』—首里城跡守礼門東側地区・真珠道跡起点及び周辺地区発

真珠湊碑文

掘調査報告書―（沖縄県立埋蔵文化財センター、二〇〇九）一八頁以降参照。

2　『金石文―歴史資料調査報告書Ⅴ―』四三、二一八頁参照。

〈建立目的〉

石門《いしじょう》を越えると「真玉道《まだまみち》」が始まる。真玉道は、島添《しましー》ビラを経て首里金城《かなぐすく》の通称石畳を下り、その後に識名《しきな》ビラの急坂を上り、識名霊園付近、識名十字路、アシンミお嶽《たけ》を経て真玉橋に到る。真玉橋を渡ると国場川南岸から豊見城を経てついに垣花《かきのはな》に到るという、国土防衛のための道路である。[1]道筋の詳細については注記の報告書参照。東恩納寛惇は「真玉湊《まだまみなと》」を「真玉橋《まだまばし》」が所在する国場川の川口あたりのことと理解している[2]が、真玉湊とは那覇港そのものであると考えられる。首里城の西に始まる真玉道が真玉橋を通過して真玉湊に到ると考える方が理解しやすい。

　この石碑は、真玉道が完成し殊に交通の難所に真玉橋を架設したことを大きく喧伝するため、そして一旦急あれば首里の官人層で構成される中央守備隊と、島

真玉橋遺構

現真玉橋

尻東側の地方守備隊とは真玉橋を経て垣花地へ集結せよ、島尻西側の地方守備隊は垣花地へ直行せよ、との国王のみことのりを刻むために建てられた。

諸守備隊集結の目的は、那覇港から侵入すると予想されている敵を垣花地《かきのはなち》で迎撃し、那覇一帯の水源地ウティンダヒージャーの守備、その入り江奥にある要衝豊見城の守備のためであった。

1 沖縄県立埋蔵文化財センター調査報告書第48集『真珠道跡』―首里城跡真珠道地区発掘調査報告書(Ⅲ)―(沖縄県立埋蔵文化財センター、二〇〇八)一七九頁以降参照。

2 『東恩納寛惇全集7 南島風土記』四六八頁参照。

[眞珠湊碑文]
[沖縄県立博物館・美術館所蔵]

〈訳文〉

【眞珠湊《まだまみなと》碑文】

首里の王オギヤカモイ加那志《かなし》(1)天のみことのりにより、真玉湊(2)への道を造り橋を渡した時の碑文。嘉靖《かせい》元年（一五二二）壬午《みずのえうま》の年の四月九日乙酉《きのととり》の日に、聞得大君《きこえおおきみ》(3)と君々(4)が降臨なされ、落成式(5)の時に御《み》セゼル(6)を賜った。

「[神のご加護を受けた王が]豊見森《とよみもり》や奥のミヨ、雲子泊《くもこどまり》、世添森《よそうもり》(7)[に続く道のりに]、真玉橋《まだまばし》(8)を、国のマタヤ(9)を架け渡しになり、お造りになった。(10)[神が降り給うた神女が]ダシカの木の釘をしっかりと差して(11)、アザカとガネ(12)でお留めになった。ミシマヨネン。ミクニヨネン(13)」

と唱いあそばされ、祝福を下されたので千人の里之子部《さとぬしべ》そして赤頭《あくかべ》(14)は揃って御礼(15)を申し上げた。

この橋[の建設]は国の按司《あんじ》や下司《げす》(16)の為に、また、天下のために[王が]お考えを召された。

「[有事の際は]根立樋川《ねたてひーじゃ》(17)と豊見城《とよみぐすく》、この城(18)と水源地の守備の為に、一番の里之子部と赤頭(19)、南風《はえ》原《ばる》、島添大里《しまそえおおざと》、知念《ちねん》及び佐敷《さしき》(20)[の守備隊]は真玉橋を渡り、下島尻《しもしまじり》(21)[の守備隊と]共に垣花地《かきのはなじ》(22)に勢揃いせよ」

天三十三天と地《ち》十八天(23)を崇め奉り、三百人もの僧達(24)は橋の完成供養を行い、祝福を下された。

この碑文は三人の世《よ》アスタ部《べ》(25)[が刻んだ]

マカネタル国頭《くにがみ》の親雲上《おおやくもい》(26)
マウシカネ幸地《こうち》の親雲上《おおやくもい》(27)
タルカネモイ沢岻《たくし》の親雲上《おおやくもい》(28)

(総注)『東恩納寛惇全集7　南島風土記』四七三頁にこの碑文の註が、『沖縄の「かみんちゅ」たち』(高梨一美、二〇〇九、岩田書院)三八四頁以降にこの碑文の大意や碑文の背景、様式及び解説と語訳について詳細な考察がある。

(1)**オギヤカモイ加那志天のみことのり**　国王のことを天と尊称しているが、東恩納寛惇はテダにも通ずるとする。[*1] また、仏教的な意味で天とは神のことで、王をして神と称したものか。みことのりの原文は「ミ御ミ事」[*2]。

＊1『東恩納寛惇全集7　南島風土記』四七三頁参照。

＊2『沖縄古語大辞典』一五八頁参照。

(2)**真玉湊**　国場川河口部をいい、かつての真玉橋が架けられていた辺りの湊とする説もあるが、[*1] 那覇港のことであろう。真玉とは固有名詞ではなく、美しいものを形容する語である。[*2]

＊1、2『沖縄古語大辞典』六〇九頁参照。

(3)**聞得大君、君々**　聞得大君は王府女性神官集団の頂点に立つ最高神官。この時の聞得大君は尚真の姉妹である月清であろう。また、君々とは、大君に次ぐ高級神官集団で、俗に三十三君と称される。[*]

＊『女官おさうし』に記されている。同書は一八世紀初頭に編纂され女官の規式などが書かれている。詳しくは『神道大系神社編五十二沖縄』(神道大系編纂会、一九八三)一四頁以降及び七七頁参照。

(4)**降臨**　原文「おりめしよわちへ」。神が現れること。[*] 聞得大君が神に祈りを捧げることによって、神の不思議な威力、すなわち霊威が発動し、その霊威が大君に憑依して顕現するとき、『おもろそうし』ではこのように表現される。

＊『沖縄古語大辞典』一七四頁参照。

（5）**落成式**　原文「マウ払い」。伊波普猷は「地鎮祭」と翻訳したとし[*1]、東恩納寛惇も地鎮祭のこととする。[*2]

＊1『沖縄古語大辞典』六〇〇頁参照。

＊2『東恩納寛惇全集7　南島風土記』四七四頁参照。

（6）**御セゼル**　神が人々に告げる言葉、神託のこと。[*1] 神の霊威であるセジが大君や君々に憑依して顕現する時に、大君や君々が発する唄である。オモロと同義と思われるが、オモロとは別物であるとの見解もある。[*2]

＊1『沖縄古語大辞典』六三二頁参照。

＊2『琉球の王権と神話』（末次智、一九九五、第一書房）四七頁参照。

（7）**豊見森、奥のミヨ、雲子泊に世添森**　豊見森は豊見城周辺の森のことか。奥のミヨは澪の意で、船の往来できるような深いところ[*1]、すなわち那覇港内の船道のこと。雲子泊は立派な港のことで[*2]那覇港の美称。世添森は後出『やらさもりくすくの碑』において「よそふもり」とあり、垣花附近にあったヤラザ森の美称か。真玉道は首里と那覇港とを結ぶ国土防衛のための道路であり、その竣工を記念して那覇港周辺の要衝の地を称えているものであろう。

＊1『沖縄古語大辞典』一二七頁参照。

＊2『沖縄古語大辞典』二五四頁参照。

（8）**真玉橋**　写真資料には堂々たる石橋の雄姿が残っている。[*1] 創建当初は板橋だったが、尚貞王治世の康熙四七年（一七〇七）に石橋に建て替えられた。[*2]

＊1『写真集懐かしき沖縄』六九頁参照。

＊2『訳注　琉球国旧記』二二九頁参照。

(9)**国のマタヤ**　未詳。仲原善忠は「まて」の誤りとし、要害の意とする。その他に拠り所、橋の意があるとする。[*]
後出『やらさもりくすくの碑』では「国のまてや」とある。文脈からすると「国の誇るべき営造物」という程の意か。
＊『沖縄古語大辞典』六〇八頁参照。

(10)**お造りになった**　原文「つかし」。未詳。[*1]塚田清策、東恩納寛惇に従ったが、[*2]ツキィ tukee という単語には「海を渡る」意もあるので、[*3]ツカシとツキは同義の可能性もある。
＊1『沖縄古語大辞典』四二一頁参照。
＊2『琉球國碑文記の定本作成の研究』八九頁参照『東恩納寛惇全集7　南島風土記』四七四頁参照。
＊3『沖縄語辞典』（国立国語研究所、二〇〇一）五二八頁参照。

(11)**ダシカの木の釘をしっかり差して**　原文「たしきゃくぎつさし」。「たしきゃくぎ」はダシカの木（シマミサオ）でできた釘のこと。魔除けに使われるという。[*1]『琉球神道記』はタシカという木で琉球の島を形造ったと記す。[*2]タシキャはこのタシカが変化したもの。「つ（い）差し」は「しっかりと差す」の意がある。[*3]神の霊威であるセジは、大君の声によるミセゼルによって聴覚的に顕現し、大君の手による造営物への霊木の釘打ちによって視覚的に顕現したのであろう。
＊1『沖縄古語大辞典』三九一頁参照。
＊2『琉球神道記』一三六頁参照。
＊3『沖縄古語大辞典』四二〇頁参照。

(12)**アザカとガネ**　アザカはリュウキュウアオキ、ガネ（ゲーン）はススキのこと。何れも霊的な力があると考えられてきた。[*1]ゲーンは呪具の一種で十字に結んだもの。サンともいう。[*2]ダシカの木の釘を石垣などに突き刺して、赤色と黄色の小さな実をつけた常緑樹アザカの枝とススキとを釘に施すことによって神の霊威セジを封印したのであろう。

＊1『沖縄古語大辞典』一四頁、七六頁参照。

＊2『沖縄大百科事典』中巻一六頁、二四二頁参照。

(13)**ミシマヨネン。ミクニヨネン**　ヨネンは未詳。ミシマとミクニは島と国のこと。[＊] 後出『やらさもりくすくの碑』では「ミシマヨネン、オクノヨネン」とある。文脈から、祝福した橋が「とこしえ」なることを祈念する祝詞であろう。

＊『沖縄古語大辞典』六三〇、六三一頁参照。

(14)**里之子部、赤頭**　元々、壮年である親雲上《おやくもい》層に黄ハチマキを、青年である里之子《さとぬし》、赤頭《あくか》層に赤ハチマキを与えていた。そのうち、赤ハチマキの上位者である筑登之《ちくどぅん》親雲上《ぺーちん》、里之子《さとぬし》親雲上《ぺーちん》に黄色ハチマキが授けられ、黄色ハチマキの上位者には紫ハチマキが与えられて親方《うぇーかた》と称するようになったという。

里之子部《さとぬしべ》や赤頭《あくかべ》の「べ」は階層を表す。すなわち、これらは中下級の官人層の意。『百浦添之欄干之銘』第五条で記されている黄ハチマキの一部が里之子に、赤ハチマキが里之子と赤頭に相当するのであろう。尚真王の治世には黄と赤のハチマキしかないので、オヤクモヒのうちの上位者であった三司官クラスのアスタ部も黄冠を戴いていたのだろう。

(15)**御礼**　原文「御《み》はい」。感謝すること。[＊1] 東恩納寛惇に従った。[＊2]

＊1『沖縄古語大辞典』六四一頁参照。

＊2『東恩納寛惇全集7　南島風土記』四七五頁参照。

(16)**国の按司、下司**　原文「くにのあんじげす」。按司は間切《まぎり》（領域的に平成の大合併前の市町村に相当する）内に、農産物を給与する為の土地、いわゆる地頭地《じとうち》を王府から与えられた貴族である。琉球の貴族や官人は、地名を冠して某アンジ、某大ヤクモイと称しているが、冠している間切や村を直接支配しているのではない。下司は東恩納寛惇によれば、按司という支配階級に対して被支配階級を表すとする。*

＊『東恩納寛惇全集6　琉球人名考』四五七頁参照。

(17)**根立樋川**　ネタテヒージャー。東恩納寛惇は『旧記』に見える落平樋川（ウティンダヒージャー）を含めた附近の流泉全部のことを指すとする。*

＊『訳注　琉球国旧記』四〇七頁参照。『東恩納寛惇全集7　南島風土記』四七一頁参照。

(18)**この城**　前段に「豊見城」とあり、「此」という指示語は豊見城を指す。

(19)**一番の里之子部と赤頭**　琉球王府はある時期まで官人を、丑の日番、巳の日番、酉の日番の三つのグループに分けて三交代で出仕させていた。*このうち、中級官人以下の層を兵力として動員したことが予想される。一番とは三番のうちの一つ、という意。この一番の兵力は真玉道を通って真玉橋を渡り、垣花地へ集合せよ、ということ。

＊『球陽　原文編』四九頁参照。

(20)**南風原、島添大里、知念及び佐敷**　首里城の一番の兵力と島尻東半分の兵力は、国場川北岸から真玉橋を渡り、垣花地へ集合せよということ。

(21)**下島尻**　後の兼城、喜屋武、真壁、島尻大里の四間切を指すか。島尻西半分の兵力は直接、垣花地へ集合せよということ。

(22)**垣花地**　那覇港南岸の地を指す。*後に、この地先に尚真の子尚清によってヤラザモリ城が建設され、那覇港の守備体制は更に強化される。

＊『沖縄古語大辞典』一八二頁参照。

(23)**天三十三天と地十八天**　仏教において天とは神と神の住み給う場所を意味する。三十三天は、天のうち依然として欲望に捕らわれた六種の天、即ち六欲天の二番目に位置する。須弥山の頂上には帝釈天が住んでいる。その四方にある峰ごとに八天あり、都合三十二天、中央の帝釈天を加えて三十三天となる。

また、十八天とは、欲界の上位に位置する色界のことである。

(24)**三百人の僧達**　『サシカエシ松尾ノ碑文』において、円覚寺で修行していると記された僧三百人を指すか。完成した営造物に対してまず神女がミセゼルやオモロで祝福し、後に僧が経を唱えて祝福するという形式は後にも引き継がれている。

(25)**世アスタ部**　行政の最高責任者で三司官のこと。アスは長老の意で、タは「達」で複数を表し、「部」は階層の意。アス達部の中から選ばれたのが三人の世アス達部である。*阿司多部と漢字を作ることもある。

＊『沖縄古語大辞典』二一一頁参照。

(26)**マカネタル国頭の親雲上**　マは接頭美称で名前の本体はカネタル。原文の「くにかみの大やくもい」は、国頭間切内に地頭地を与えられた高級官人の意。この国頭の親雲上マカネタルは、馬氏国頭御殿の家譜によると、二世国頭正鑑《くにがみせいかん》のこと。童名は真嘉祢《まかね》、唐名は馬誠驥《ばせいき》と記す。*後出『一翁寧公之碑』はこの真嘉祢のために刻まれた石碑である。

＊『鎌倉芳太郎資料集(ノート篇)歴史・文学』(沖縄県立芸術大学附属研究所編、二〇一五)六一一頁参照。

(27)マウシカネ幸地の親雲上　カネは接尾美称で名前の本体はウシ。幸地の親雲上は、西原間切内に地頭地を与えられた高級官人の意。西原間切は王家の直轄地なので、西原間切総地頭職に任じられても、王家を憚って西原の親雲上ではなく、幸地の親雲上と称した。[*1] マウシカネは『蔡温本世譜』に「真牛金(幸地大屋子森ト称ス。嘉靖元年壬午ノ石門碑記ニ見エタリ。裔孫存ゼズ)」と記される。[*2]

＊1『沖縄県姓氏家系大辞典』(沖縄県姓氏家系大辞典編纂委員会、一九九二、角川書店)二五頁参照。

＊2『琉球史料叢書　四』「中山世譜」八四頁参照。

(28)タルカネモイ沢岻の親雲上　(オ)モイは接尾美称で名前の本体はタル。沢岻の親雲上は、浦添間切内に地頭地を与えられた高級官人の意。本来なら浦添間切の総地頭職に任命されているので浦添の親雲上と称すべきだが、当時、尚真王の長男が浦添の按司であったので、沢岻を称したものか。毛姓上里家の家譜によると、タルカネモイは同家の系祖である毛文英沢岻《もうぶんえいたくし》親方《おやかた》盛里《せいり》のこと。盛里は有名な護佐丸《ごさまる》の孫にあたる。[*] 後出『王舅達魯加禰國柱大人壽蔵之銘』はこの盛里の為に刻まれた石碑である。

＊『那覇市史　資料篇第1巻7　家譜資料(三)首里系』六九五頁参照。

偶感雑感寸感②　女性神官聞得大君と君々と

(1) 聞得大君と婚姻

袋中の『琉球神道記』には「託女三十三君は皆以て王家也、妃もその一つなり。聞補君《ちふぃじん》を長とす、都《すべ》て君と称す」とあり、多くの女性神官と妃を従える聞得大君《きこえおおきみ》の様子を記す。大君は、国王が天下を統治するためのセジ（神の霊威のこと）を奉り、国王や国家を守護、祝福する役割を果たした。

尚清王《しょうせいおう》の冊封使《さくほうし》陳侃《ちんかん》が記した『使琉球録』中の「群書質異」は「人々は、神を恐れている。神はすべて、婦人を尸《よりまし》としている。およそ二人の男を夫としたものは、尸とはしない（原田禹雄訳）」と記す。尸とは神が寄りつくよりしろのことである。

陳侃はこのように記して、神が依り憑く女性は全て婦人であると述べる。婦人とは既婚の女性のことで、これによると三十三君をはじめとする女性神官は全て婚姻していたことになる。当然大君も例外ではあるまい。陳侃が来琉した一五三四年当時の大君は初代月清《げっせい》か、二代梅南《ばいなん》である。『蔡温本世譜』などの歴史書や各家の家譜史料において、両人は婚姻していた形跡はないが、陳侃の記述による限り婚姻していたことが予想される。

また、尚寧の冊封使夏子陽《かしよう》が記した『使琉球録』「群書質異」は「国中、神を敬う。神に女王がある。王族の姉妹といった人が、代々、神に選ばれて就任する。選ぶ時は、よりつき給うた神の言葉が女王宮に送り込まれ、遂にはっきりと霊威があらわれるようになる。正式の夫でも、もはや夫婦の交わりはしない（原田禹雄訳）」と記す。

夏子陽が記す女王とは、四代大君の月嶺《げつれい》である。三代大君の梅岳《ばいがく》は夏子陽が来琉する前年に死去しており、当時月嶺は大君に就任した直後であった。月嶺は尚寧王の義理の妹にしてイトコにあたるので、この記述は妥当である。そして、まだ若い月嶺だったが、長女瑞岩《ずいがん》を最後に子を設けていないことから、夫の中城王子尚熙とは事実上別離状態となったことを裏付ける。前代月清も梅南も婚姻はしたものの、夫とは別離状態だったことが予想される。

(2) 女性神官が祈りを捧げる神

大君が神に祈りを捧げることによって、神の不思議な威力、すなわち霊威が発動し、その霊威が大君に憑依して顕現するとき、『おもろそうし』では「おりめしよわちへ（降臨なさる）」と表現される。

では、大君が祈りを捧げる神とは何者であろうか。『神道記』や『世鑑』では、キミマモノそのものが琉球の守護神であると記述されている。しかし、大君が祈る一柱《ひとはしら》めの神とは、この世や王の安泰を祈れば、直ちに守護し祝福を与える全知全能の天神であり、天神と同一視された太陽神であろう。『世鑑』に引用されているオモロではそのように唄われていると解釈できる。もう一柱の神が、世の中を乱す悪徳者や罪を犯した者が現れると敢然と罰を与える海神であろう。

そして、女性神官が太陽神や海神の霊威をこの世に招き降ろすという人知を超越する力、すなわち霊力の根源こそがキミマモノ（直訳すれば、神女の偉大なるもの）であったのではないか。キミマモノの霊力をもって、神官に太陽神の霊威が顕現する時はオボツカグラの神と称されるが、発現する霊威の働きの違いによってキミテヅリ、浦《うら》マワリ、月のミヲヤダイリなどと個別の神名を与えられたと考えられる。同様に、神官に海神の霊威が顕現する時はギライカナイの神と称されるが、発現する霊威の働きの違いによって新懸《あらがかり》、荒神《あらがみ》、カナイノキミマモンなどと個別の神名を与えられたと考えられる。

(3)　王の権威の源泉

キミマモノの霊力によって神官に顕現する神の霊威が、『おもろ』においてセジやセイなどと表現されるのであろう。このセジは神官から王に対して王の守護や現世を祝福するためなどに奉られるのである。琉球の民衆は、セジを奉られた王は太陽神に守護され祝福された聖なる存在として、世を治める正統性を獲得し現世を統治する、と幻想していたのであろう。つまり、王が民衆を統治するための権威の源泉の一つは、太陽神から神官を経て王に付与されるセジという不可視の霊威であろう。

いま一つは、王が太陽神の正統な子孫であることを民衆に幻想させることにあった。だからこそ第二尚氏の王は、テダハジメ（太陽神に出自する支配者の意であろう）、テダホコリ（太陽神が祝福する支配者の意であろう）、テダガスエ（太陽神の正統な子孫である支配者の意であろう）などと、その神号に太陽神の聖性を帯びているのだ。

ちなみに、尚永王のもう一つの神号エゾニヤスエは、英祖の正統な末裔或いは英祖の霊力を受けた支配者の意であろう。尚永王の治世には、遠い過去に存在した偉大な支配者英祖は太陽神の末裔であり、第二尚氏はその子孫であるとする観念がすでに成立していたからであろう。

ところで、琉球の神官が神と交信する霊力とはキミマモノそのもので、キミマモノは血筋正しい神官に自ずと備わったものであったと考えられるのだが、琉球に仏教が導入された後、いつしか土着の霊力キミマモノと仏教の守護神の一人弁才天《べんざいてん》とが習合したのである。これにより、大君は外来の弁才天を拝することによってキミマモノを招来するという複雑な構造になったのであろうか。一六〇五年に袋中によって書かれた『神道記』では、キンマモンは弁才天であると語られている。何故、大君が弁才天を拝むのかという論点については、原田禹雄氏が幅広い知識で詳細な考察を加えているので、ぜひ一読をお勧めしたい。

(4) 琉球の宗教観と第二尚氏の神話

一七世紀初頭の琉球の宗教観の一端が、『神道記』のキミマモノの項に記述されている。これによると当時の人々は、天から降った創世神である男神シネリキョと女神アマミキョとの間に生まれた三人のヒトの子孫であると考えていた。とりわけ、王と王妃はシネリキョとアマミキョとの間に生まれた長男「所々の主《しょしょ》」と長女「ノロ」による神聖な兄妹婚によって誕生した正統な神の子孫であると観念していたのであろう。第二尚氏の王は神号において太陽神の子孫を標榜するとともに、『神道記』において不完全ながらも天から降ったシネリキヨとアマミキヨの正統な子孫という神話を獲得していたことが窺えるから、既にこの頃までには元々は別であったと考えられる天神と太陽神とは、同一視若しくは混同され、習合していたことが予想される。

当時の人々のこの幻想こそが、後に『世鑑』において、天帝の子である男女二神から生み下された五名の兄弟姉妹によって婚姻儀礼が始まったという創世神話として完成されたのであろう。『世鑑』では、「所々の主」が「国の主」と「諸侯」に、「ノロ」が「君々」と「ノロ」に分化している。これにより、複数の主の存在を許容していた『神道記』とは異なり、国の支配者は明確に長男「国の主」に限定された。国の主の子孫こそが諸侯即ち按司達を支配する国の正しい支配者なのである。ここに至って、第二尚氏は多くの按司のうちの一人から、太陽神に出自する天孫氏と英祖の子孫へと昇華し、琉球の王位を継承して支配するための正統な系譜と神話を獲得したのであろう。

(5)　大君と儀式

琉球の神話において、男女二神の長女である君々の正統な子孫の女性は、やがて選ばれて王妃になり、その後、神が依り憑く神官となり、エケリである国王を守護するオナリたる最高神官大君となることが予定され、そして期待されていたのであろう。大君になると、夫王との関係が絶たれる理由は、王の妻から王の姉妹へと変化したと見なされたからであろう。神官の中でもキミマモノの霊力を最も強く発揮すると観念されていたであろう大君は、神聖な儀礼の場である杜《もり》や御嶽《うたき》において、太陽神や海神と交信する。その目的は自らとサシブやナリコと呼ばれる神女に、キミマモノによって神の霊威すなわちセジを招き降ろし憑依させることにある。そして、神が憑依した大君がセジを国王に奉ることによって、国王が一身に担ったこの世の豊饒という人々の願望を祝福し、理想的な始原の世界へ回帰することつまり世直しを幻視させることが、キミテヅリなどの儀式なのであろう。これら儀式を支えていたのが神の言葉であるミセゼルやオモロなどの唄であったと考えられる。

この世を祝福して、始原の時を再現する行為を反復し、時には橋や道に祝福を与えることによって太陽神に守護された国王の偉大さを賛美するこれら一連の儀式こそが、国王の聖性を保持し或いは更新するために不可欠な王権儀礼だったのであろう。大君は、この儀礼の最も重要な部分を担い、国王を民衆の統治者たらしめる神の霊威セジを、神から招き降ろすために不可欠な存在だったのである。そうであればこそ、儀式の場に現れる大君はやがて神と同一視されて「降臨なさる」と表現されたのであろう。

15　國王頌徳碑《こくおうしょうとくひ》（石門之東之碑文《いしじょうのひがしのひぶん》）

尚真王四六年（嘉靖元年・一五二二）

「此れ凶事《きょうじ》を道《みちび》く也。之《これ》を用《もち》う可《べ》からず」

—宝剣を献上された偉大な王は、百年続いた殉死の制度を廃止した—

〈所在地〉

この石碑は、通称「石門《いしじょう》」と呼ばれた構造物の両脇に、先に紹介した『真玉湊碑文』とともに建てられていた。[1] 石門の形状や場所など詳細は注記の報告書参照。[1] 石門に向かうと左手、即ち東側に立っていたのが、この国王頌徳碑であり別称「石門之東之碑文」という。

二つの石碑は、先の第二次世界大戦で破壊されたが、現在、石門とともに復元されている。『金石文』によれば高さ一四七センチ、幅四五・五センチとなっている。[2] 漢字交じりの仮名文と漢文で刻まれている。

1　沖縄県立埋蔵文化財センター調査報告書第51集『首里城跡・真珠道跡』—首里城跡守礼門東側地区・真珠道跡起点及び周辺地区発

国王頌徳碑（石門東）

掘調査報告書―（沖縄県立埋蔵文化財センター、二〇〇九）一八頁以降参照。

2　『金石文―歴史資料調査報告書V―』二一七頁参照。

〈建立目的〉

この石碑は、嘉靖元年五月に、世宗皇帝からそれまでの一年一貢に変えて、再度二年一貢を言い渡された尚真の威光を保つために建立された可能性もある。この時の使節が琉球に帰還した時期は不明だが、石碑が建立された一二月までに帰還するには十分な時間であろう。明から帰還した使節が復命の時、皇帝から二年一貢を言い渡されたことを王に奏上した結果、民衆や臣下達に対する尚真王の政治的な影響

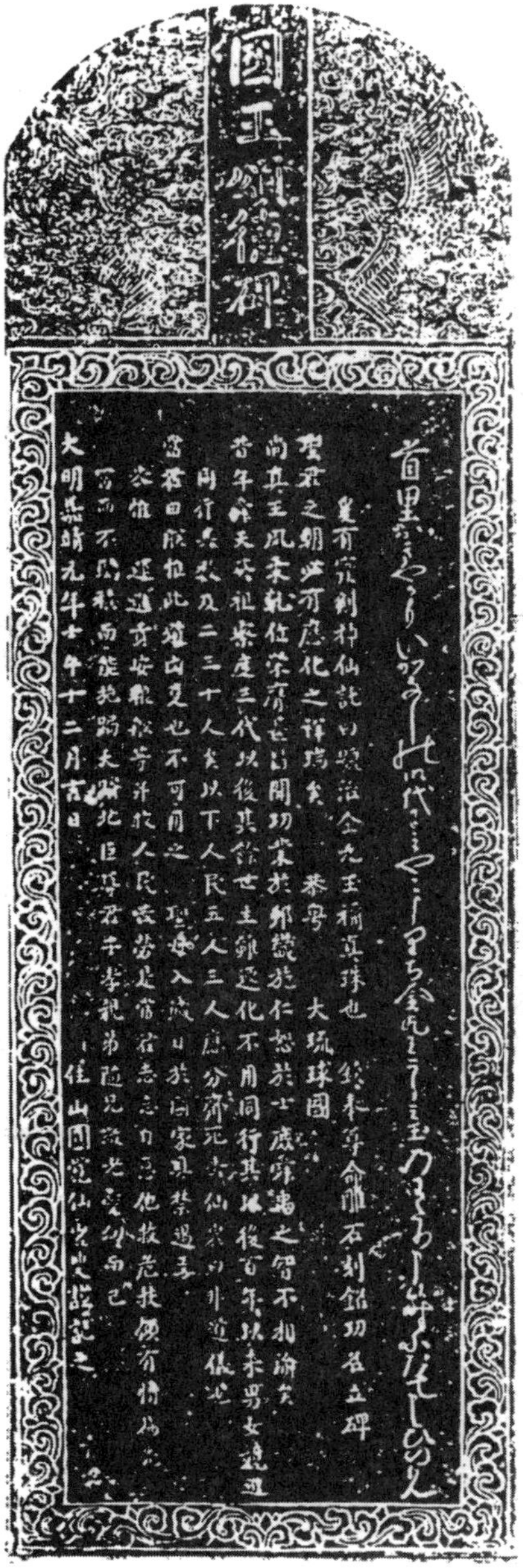

［国王頌徳碑（石門之東之碑文）］
沖縄県立図書館蔵CCBY4.0（一部改変）
（http://creativecommons.org/licenses/by/4.0/deed.ja）

力低下を憂慮した重臣達によって、急遽この碑文が建立されたのではあるまいか。そうであれば、宮古から簡素な日本刀が献上されたこと、及び禁止してから凡そ一八年経過している殉死を、わざわざ石碑に刻んで国王の徳を顕彰したことも理解できる。

〈訳文〉

【国王頌徳碑】

首里オギヤカモイ加那志《かなし》の治世に、治金丸《ちかねまる》という刀(1)と御玉(2)が宮古から献上された時に建立した碑文。

ここに宝剣《ほうけん》があり、神仙のご託宣があった。

「［刀は］治金丸《てかねまる》と命名し、玉は真珠《まだま》と命名せよ」

敬ってご命令(3)を承り、［王の］功績を記して石碑に刻み建立した。聖なる主君の政《まつりごと》には、必ずやこの世に現れる目出度い前兆があるのだ。

うやうやしくも、大琉球国の尚真王は若くして王位に登られた。［その治世は］栄誉を得て極めて盛んであらせられ、国家を建設する手柄があった。［王は］士分の者と庶民とに思いやりをお与えになり、舜《しゅん》と禹《う》の才知と何ら変わるところはないのだ。

昔年の舜天《しゅんてん》、英祖《えいそ》、察度《さっと》の三代(4)以後の世主《よのぬし》達は、［自らが］逝去なさっても他人の殉死を用いておられなかった。しかし、それ以後このかた百年(5)、［世主の逝去に際して］男も女も進み競って殉死した。その数は二、三〇人に及び、人民たちも五人、三人とその分に応じて殉死していった。

仙岩《せんがん》は申し上げた。

「人の行う正しい道ではありません」

ご主君は仰せになった。

「朕《ちん》はこの方法は禍《わざわい》を招くと考えているので、これを用いてはならない」

聖母(6)がお亡くなりになった日、国家によって［殉死は］ことごく差し止められた。

恭しく考えると、［献上する貢ぎ物を載せた］進貢船《しんこうせん》を運行し、年貢船を安定させるなど、［王は］ともに人民の苦労をお救いになった。これはご主君の志であらせられる。

［王は］自らのことをお忘れになり、人々を慈しまれ、危うい者を救い、倒れそうな者をお助けになって、真心を最も大切なこととされた。

富んでも心は驕らず、(7)財貨を蓄えてもよく与えられた(8)ので、［士分の者と人民とは］敬服した。(9)

［それだから］臣下は主君を尊び、子は親に孝行して、弟は兄に従う。そして老いたる者を敬い、幼《おさ》子《なご》を愛するのだ。

大明嘉靖元年（一五二二）壬午《じんご》の十二月吉日。

円覚寺の住職、老僧仙岩(10)が丁重にこれを記した。

（1）**治金丸という刀**　原文「ち金丸ミこし」。「ミこし」とは御腰で腰の物、即ち刀のこと。*1 治金丸は現存している。写真資料でみると、漆黒の鞘に菱巻きの柄という実に簡素な拵《こしら》えである。*2

＊1『沖縄古語大辞典』六三〇頁参照。

＊2『「尚家継承琉球王朝文化遺産展」図録』（琉球新報社編、一九九三）三一頁参照。

(2)**御玉**　原文「ミ玉」。宝石のこと。* 或いは、真珠のことか。

　*『沖縄古語大辞典』四〇三頁参照。

(3)**ご命令**　神仙の託宣のこと。神仙とは、聞得大君をはじめとする女性神官集団からの託宣を指している。

(4)**舜天、英祖、察度の三代**　琉球国中山王の系譜が第二尚氏王家において具体的に認識されたのは、尚清王の治世に建立された『国王頌徳碑(かたのはなの碑)』における「大りうきう国中山王尚清ハそんとんよりこのかた二一代の王の御くらひをつきめしよわちへ」という銘文に求められると考えられているが、尚真王治世のこの年においても、舜天、英祖、察度というそれぞれの王朝の始祖の名は明確に認識されている。しかも、この三王朝と第一及び第二尚氏王朝とは、殉死の風習を共通しない異なる性質の王朝であることを第二尚氏自ら認識している。

ちなみに古琉球時、舜天はソントンと、英祖はヱソと読むことが『国王頌徳碑(かたのはなの碑)』や『極楽山の碑文』でわかる。

(5)**それ以後このかた百年**　この年まで百年もの期間、王の死に際して殉死の風習があったのであれば、第一尚氏王家が樹立されて以降のこととなる。第一尚氏初代の思紹王の死は『蔡温本世譜』によると永楽一九年(一四二一)のことで、* この年まで一〇二年となって矛盾はない。

　*『琉球史料叢書　四』「中山世譜」五三頁参照。

(6)**聖母**　尚真王の母月光は『蔡温本世譜』によれば、弘治一八年(一五〇六)三月一日に六一歳で逝去している。* 月光逝去時における殉死の禁止を、尚真王の徳を彰かにするための石碑を建立する理由とするには、一七年もの歳月は長すぎることは先に述べた。

ところで、「聖母」には王の生母の意の他に「女巫で神仙の道を得たもの」の意もあるので、尚真の姉妹月清を指している可能性もある。

＊『琉球史料叢書　四』「中山世譜」七七頁参照。

(7)**富んでも心驕らず**　原文「富而不驕」。『春秋左氏伝』にある。

(8)**財貨を蓄えてもよく与えられ**　原文「積而能施」。『顔氏家訓』に「積而能散(財貨を蓄え有益なことに用いる)」というのがあり、これにならったものか。

(9)**敬服した**　原文「跼天蹐地」。甚だ恐れて身の置き所もない例えで、『後漢書』などに見える。ただ、このままだと文意とあわないので、このように訳した。

(10)**老僧仙岩**　『由来記』によれば、開山の芥隠大和尚以降、六人目の円覚寺の住持として仙岩の名が見える。＊原文の「仙岩叟」の叟は年老いた意。

＊『由来記』一九八頁参照。

16　王舅《おうきゅう》達魯加禰《たるかね》國柱《こくちゅう》大人壽蔵《たいじんじゅぞう》之《の》銘《めい》

尚真王四九年（嘉靖四年・一五二五）

「百年の後を慮《おもんぱか》り、萬代に名を留《とど》めん」

―中国に出使した老三司官が主君を思い持ち帰ったみやげと、老王のお返し―

〈所在地〉

那覇市繁多川の市立石田中学校を右手に見ながら、真地十字路方面に進むと左手に識名宮が見える。その次に現れる小さな路地を左折すると、狭小な道の両側に静かな住宅地が広がる。幅員の狭い道路を更に入り込み進んでいくと、住宅地の最も奥まった場所の風格ある林に行き到る。

この林こそ王舅沢岻《たくし》親方《おやかた》の墓域である。鬱蒼とした木々に覆われているが、大きく立派な墓域は凛とした雰囲気を湛えている。正面のヒンプンを回り込むと、五百年前に建てられたとは思えない程に頑丈で美

［王舅達魯加禰國柱大人壽蔵の銘（沢岻親方の墓碑銘）］沖縄県立図書館蔵

しい墓が姿を現す。墓口の上に設えられている木造に象った石造の垂木に支えられた庇上部の、緩やかな傾斜を為す墓屋根の中央手前あたりに、石碑を掲示するための横置きの石が据えられている。その中央に石碑と言うよりむしろ石版と呼んだ方がよい程に薄い石碑が掲げられているが、これこそ『王舅達魯加禰國柱大人寿像之銘』である。

毛姓上里家の家譜によると、タルカネモイは同家の系祖である毛《もう》文英《ぶんえい》沢岻《たくし》親方《おやかた》盛里《せいり》のこと。盛里は有名な護佐丸《ごさまる》の孫にあたる。[1]『金石文』によれば高さ四〇・七センチ、幅三三・五センチとなっているが、厚みは表示されていない。[2] 漢文で刻まれている。

1 『那覇市史 資料篇第1巻7 家譜資料(三)首里系』六九五頁参照。

2 『金石文―歴史資料調査報告書V―』一〇六頁参照。

〈建立の目的〉

前出『国王頌徳碑(石門之東之碑文)』で若干触れたが、このタルカネこそ琉球が「一年一貢」から、再度「二年一貢」を命じられた際の使節団長である。三司官であったタルガネは皇帝の即位を慶賀するため、[1]王舅の称号を帯びて意気揚々と都に赴いたのであろうが、新

王舅達魯加禰碑

王舅達魯加禰墓

皇帝から「二年一貢」を申しつけられた。

家譜に因ればこの時、タルカネは鳳凰《ほうおう》轎一台と水を吐く石の龍頭一個とを買い求めて帰国した。鳳凰轎とは、鳳凰に象った王のための乗り物、かごのことである。また、水を吐き出す石の龍頭とは、現在も瑞泉門の右手に設《しつら》えられている龍樋《りゅうひ》のことである。

ところが帰国後タルカネは、王命も無く勝手に国の銀両を用いてかごや龍頭を購入したことを他の三司官に叱責され、那覇港向かいの垣花地《かきのはなじ》に留められたまま家に帰ることを許されなかった。しかし、尚真王が直接タルガネの尋問を行った結果、タルカネの行為を非常に喜び三司官に復帰させた、[2]という。

帰国から三年後、タルカネは王から墓地と墓地に付属する田畑とを賜った。この石碑は王舅として渡明し皇帝即位の慶賀使となった栄誉と、国王から墓を賜った栄誉とを顕彰するために刻まれたのである。

一点付言しておきたいことは、この石碑は墓碑銘の体裁を整えているが、あまりに規格が小さいため、下から見上げてもどのような文字が彫られているのか全く判らない。つまり、碑文が読まれることを想定していない。そして、この石碑が薄いことを考え合わせると当初は墓誌銘として刻まれたのではなかろうか。墓誌とは金属や石に刻んだ死者の経歴などの文章のことで、死者と共に墓に埋める。墓碑とは同じく死者の経歴などを刻んで建てたものだが、墓である目印に立てる石のことであり、墓の外に建てるものである。

1　『『明実録』の琉球史料（一）』六五頁（一）及び（二）参照。
2　『那覇市史　資料篇第1巻7　家譜資料（三）首里系』六九六頁参照。

〈訳文〉

【王舅[1]達魯加禰《たるかね》国柱《こくちゅう》大人[2]寿蔵[3]之銘】

［盛里《せいり》］公は、上は国王を補佐して、下は民草を落ち着かせられた。

そうであるから、［盛里公は］主君のお考えを受け入れ、勤め励んで怠ることは無く、まことの礼節を立て、しかも剛直で屈することは無い。

壬午《じんご》の年（一五二二）の四月[4]、吾が王命を承り千里［の道のり］をも遠しとせず、大明に赴いて皇帝陛下に即位［を祝福するところ］の表文を進上[5]なさった。功績と名声がどうして大きくないということがあろうか。

帰国後、謹んで［王の］ご命令を承って私邸の南に良い土地を賜り[6]、［死に］先んじて百年の後まで［残るところ］の墓をお造りになった。まことにこの世の浄土［である寿蔵］において、悟りの境地に達して不変の真実を理解するのである。

後の人々にこれを知らせる為、この文を作り石に刻んだ。

銘に言う。

壽藏《じゅぞう》勝境にして（寿蔵墓《じゅぞうぼ》［のある場所］は風景が美しく）

嵩阜崢嶸《すうふそうえい》たり（高き土の山は深遠で険しい）

其の左に接する者《は》松林是れ榮《さか》ゆ（［墓域の］その左に隣り合う松林は生い茂り）

其の右に臨め者士民甍《いらか》を連《つら》ぬ（その右を見れば官吏や民の家々が瓦屋根を連ねている）

震嶺《しんれい》日に耀《かが》き（東の山並みは日の光に照り輝き）

兌山《たいざん》月に明らかなり（西の山々は月の光に照らされる）
［盛里］公の徳の何と偉大であることよ。日を置かずして［墓は］完成した。
百年の後を深く思い永遠に名を留めるのだ。
時に嘉靖四年（一五二五）乙酉《いつゆう》の二月二十一日。
大琉球国中山府の天王寺の小比丘《しょうびく》(7)瑞興《ずいこう》(8)が丁重に記した。

（1）**王舅**　琉球における王舅とは、国王が皇帝を慶賀するために中国へ派遣する使節団の団長の称号。一般的に王舅には、王の母の兄弟、王の妻の兄弟、王の妻の父という三つの意味がある。

（2）**国柱大人**　三司官であり国政に重きをなした大功臣という意だろう。これが一二年後の嘉靖一六年に亡くなった一翁寧公の墓碑にも大きな影響を与えていると考えられる。その墓碑には「国王は周の文王や武王が周公を用いたように［一翁寧］公を用いられた。」などと、まるでタルガネの墓碑に対抗するように臣下としては最大限の賛辞を教え子達から贈られている。

（3）**寿蔵**　生前に建てた墓のこと。

（4）**壬午の年**（一五二二）の四月　この時の出使の記録は家譜にある。*

＊『那覇市史　資料篇第1巻7　家譜資料（三）首里系』六九六頁参照。

（5）**即位の表文を進上**　『明実録』に達魯加尼が慶賀のために来朝した記録がある。*

＊『『明実録』の琉球史料（二）』六五頁（一）参照。

（6）**私邸の南に良い土地を賜り**　家譜に「墓地を敷名山に賜る」*とある。敷名というのは識名のことで、当時は現在の識名霊園を頂点とする台地を敷名山と称していたのだろう。首里古地図では、護佐丸毛氏の邸群は安国寺の南側に集中しているので、沢岻親方の邸宅もその近辺にあったのであれば、墓は邸宅のほぼ南にある。

＊『那覇市史　資料篇第1巻7　家譜資料(三)首里系』六九六頁参照。

(7)**天王寺**　『由来記』は山号は福源山、尚円王の居所であったと記す*。天王寺の石垣は那覇市首里当蔵に残っている。

＊『由来記』二〇〇頁参照。

(8)**小比丘瑞興**　比丘とは出家修行する男子の僧侶のこと。

17　崇元寺下馬碑《そうげんじげばひ》　尚清王元年（嘉靖六年・一五二七）

「此《ここ》に至らば下馬《げば》せよ」

―王の御霊《みたま》をおそれ敬う人々のこころ―

〈所在地〉

この石碑は那覇市泊一丁目に所在する崇元寺石門敷地の東側の角、車通りの多い道路の傍らに立っている。木立に隠れて余り目立たないものの、台座に載った石碑は見上げる程の高さである。表は漢文で、裏は漢字交じりの仮名文で刻まれている。元は東西各々に同文の碑が建っていたが、西側の碑は沖縄戦で破壊された。

〈建立目的〉

この石碑が建立されたのは、尚真王が亡くなったおよそ半年後のことである。当然、尚真の霊に敬意を払わすために、廟の前では「下馬せよ」と指示をしているのである。

崇元寺下馬碑

〈訳文〉

（表）

但官員人等至此下馬

但々《ただ》、官員(1)、人達(2)此《ここ》に至らば下馬せよ

（1）**官員**　裏面の仮名書きにおいて「按司」と対応するので、この時代は官員すなわち官職にある人は「按司」であったものか。

（2）**民達**　原文「人達」は裏面の仮名書きにおいて「下司」と対応するので、この時代の「下司」とは民衆の意として用いられたものか。

（裏）

あんしもけすもくまにてむまからおれるへし（按司も下司《げす》もくま（此処）にて馬からおりるべし）

按司も下司《げす》もここで馬から降りよ。

大明嘉靖六年（一五二七）丁亥《ていがい》の七月二十五日

本拓は戦前のもの。沖縄戦での損傷のため、現在は一部欠損がある。

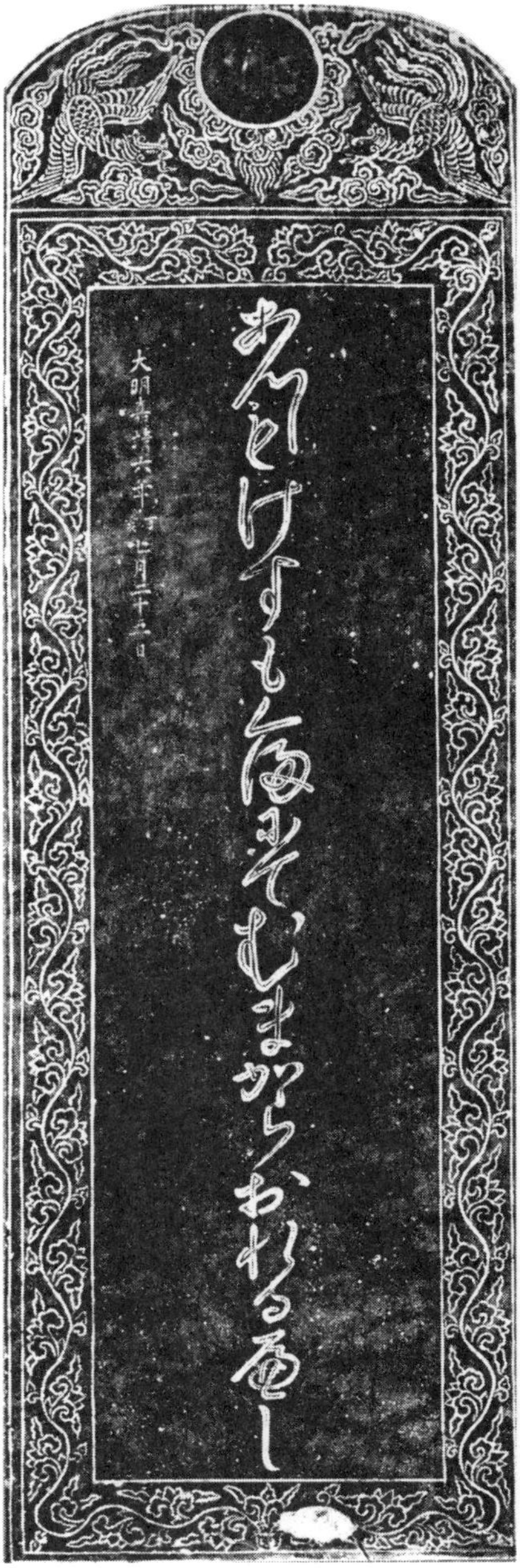

［崇元寺下馬碑（裏）］
［沖縄県立博物館・美術館所蔵］

［崇元寺下馬碑（表）］沖縄県立図書館蔵
CCBY4.0（一部改変）
（http://creativecommons.org/licenses/by/4.0/deed.ja）

18　一翁寧公《いちおうねいこう》之碑　尚清王一三年（嘉靖十八年・一五三九）

「我を成す者《は》公《こう》なる乎《かな》。其の恩計《はか》る無き也」
—偉大な政治家にして教育者、一翁寧公の死を悼みその徳を述べる弟子達—

〈所在地〉

儀保交差点から県道八二号線、通称環状二号線を古島方面に降っていく途中に宝口《たからぐち》とよばれる場所があった。ここは第二次世界大戦で破壊されたので、今はもうどの辺りに一翁寧公の墓があったのか定かではない。

石碑は先の大戦で破壊され、残欠が沖縄県立博物館に収蔵されている。漢文で刻まれている。

〈建立目的〉

この石碑は、一翁寧公に師事した六名の弟子が師の死後にその恩に報いるために、一翁寧公の墓域に建立したものである。一翁寧公について、『沖縄県姓氏家系大辞典』では、国頭御殿《くにがみうどぅん》の二世馬誠驥《ばせいき》国頭正鑑《せいかん》とするが、『沖縄大百科事典』やその内容を受けた『金石文』では、三世馬順徳《ばじゅんとく》国頭正格《せいかく》とする。さて、いずれが正しいものか。しかし、その結果は平成二七年に明らかとなった。『鎌倉芳太郎資料集（ノート篇Ⅲ）歴史・文学』を沖縄県立芸術大学附属研究所が発行したのである。同書にはすでに散逸した家譜など貴重な史料が数多く含まれている。その中に、戦災で失われた『馬姓家譜大宗』が七世までだが含まれているのだ。その家譜によれば一翁寧公とは二世国頭正鑑のことである。膨大な手書きノートを活字化した研究所の苦労にも頭が下がる思いだが、鎌倉芳太郎という偉人は沖縄に素晴らしい宝物を遺してくれた。

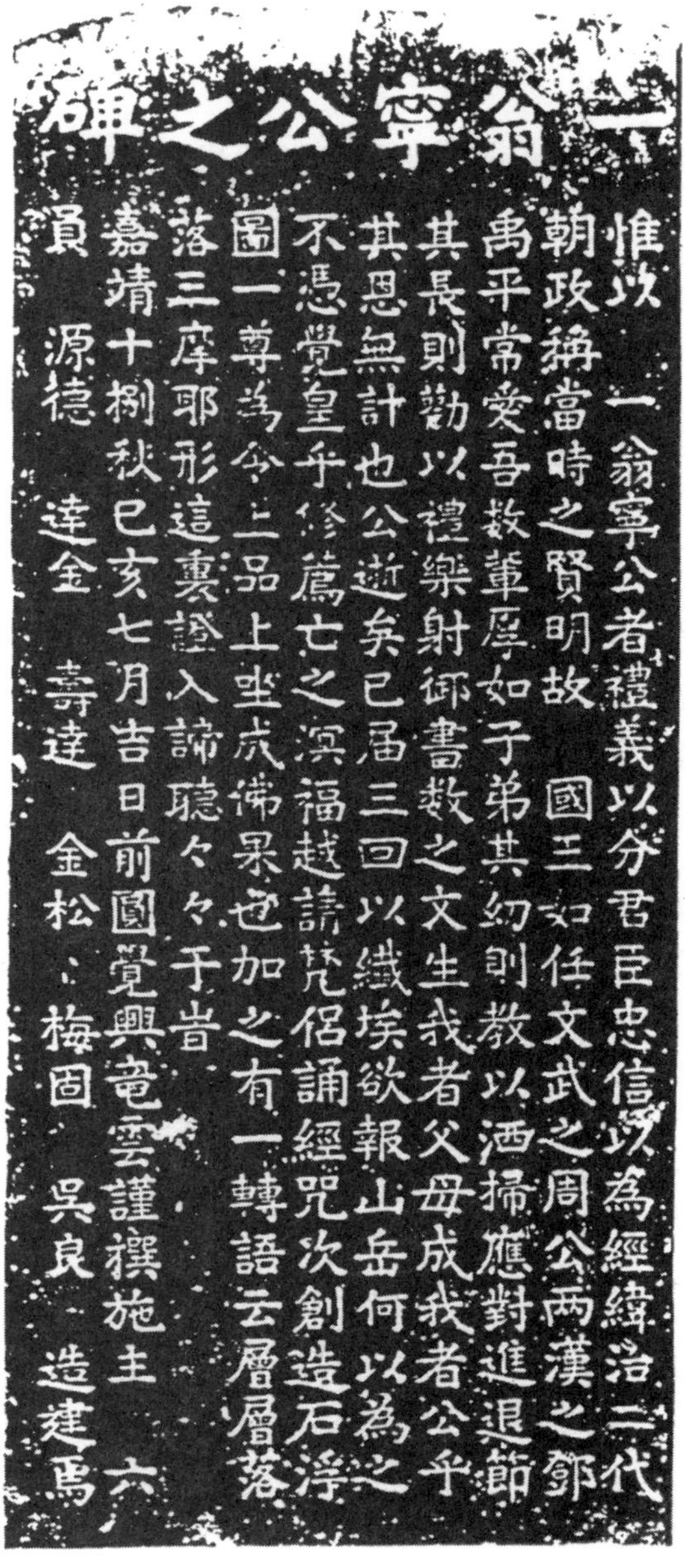
一翁寧公之碑
惟以 一翁寧公者禮義以分君臣忠信以為經緯治二代
朝政稱當時之賢明故 國王如任文武之周公兩漢之鄧
禹平常愛吾教華厚如子弟其幼則教以洒掃應對進退節
其長則勤以禮樂射御書數之文生我者父母成我者公乎
其恩無計也公逝矣已届三回以織埃欲報山岳何以為之
不憑覺皇乎修薦亡之溟福越請梵侶誦經咒次創造石浮
圖一尊為令上品上生成佛果也加之有一轉語云層層落
落三摩耶形這裏證入諦聴々々于旹
嘉靖十捌秋巳亥七月吉日前圓覺興竜雲謹撰施主 六
員 源德 達全 壽達 金松 梅固 呉良 造建焉

［一翁寧公之碑碑文］
［沖縄県立図書館所蔵（複製史料）］

〈訳文〉

【一翁寧公之碑(1)】

おもうに一翁寧公は、人として行うべき作法によって君臣を分け、偽りの無い心によって秩序をおつくりになった。[尚真王と尚清王《しょうせい》の]二代のまつりごとを助けて当時の賢明と称された。それだから国王は、まるで周の文王や武王が周公(2)を、後漢の光武帝が鄧禹《とうう》(3)を用いられたように「公を登用」なさった。常日頃は、我ら数人を子弟のように愛された。幼いときは、掃除と受け答え、立ち居振る舞いを教え、成長すれば、礼、楽、射、御《ぎょ》、書、数の六芸(4)を教えて導かれた。我らを生んだのは父母だが、我らを成長させたのは公なのだ。その恩を計ることはできない。

公が逝《い》かれて既に三回忌を迎えた。僅かばかりだが、山のように高い師の恩に報いたい。何をもって報いるべきであろうか。御仏《みほとけ》に頼る外はない(5)。あの世での幸せを供養するため、ここに僧侶を請い、御仏に経文を唱えて頂いた。

次に石の卒塔婆《そとば》(6)一つを建てたのは、[公を]尊んで最上の極楽往生をして頂き、悟りに達するようお助けする為なのである。そればかりでなく悟りに導く一語(7)がある。

「静寂なる無限の虚空に在りて、真理を悟って御仏《みほとけ》の境地に至れ。[この言葉を]たしかに聞け(8)」

時に嘉靖十八年(一五三九)の秋、己亥《きがい》の七月吉日。前《まえ》の円覚[寺の住職である]、興龍雲(9)が丁重に著《あらわ》した。

施主は六人。源徳、達金《たるがね》、寿達《しゅたる》、金松《かにまつ》、梅固《みーぐ》、呉良《ごらー》が制作して建てた。

(1)**一翁寧公之碑**　一翁寧公とは一翁が故人の道号、寧公が戒名である。碑文には、施主として源徳、達金、寿達、金松、梅固、呉良の六人を記し、彼らが一翁寧公の教え子達である。このうち、源徳というのは後に三司官となる穆源徳池城親方昌氏のことか。余の教え子達もみな王府の重鎮となったのであろう。また、この石碑の施主は先の六人と刻されているので、『世鑑』が述べるとおり尚清王が命じて建立させたのではあるまい。家譜によれば「嘉靖十六年丁酉の年に正鑑卒す。王、馬氏累世の功労を以て、特に輔臣に命じ公府の資材を発し新たに墓を宝口に賜うを蒙る焉。然りと雖も年久しく世は遠く、正鑑務める所の事功悉く考え難し」とある。『世鑑』によれば、三司官国頭は奄美大島遠征の際、発病した王に代わって天に祈り自らが死去したと記し、直後にこの碑文を掲載しているのだが、馬氏の家譜が編纂されるころには、功績は忘れ去られたのだろうか。確かに碑文からは王に重用されたことは読み取れるが、大島遠征のことは何一つ出ていない。

(2)**周公**　文王の子で、武王の弟。武王を助けて殷王朝を滅ぼし、武王の子成王の摂政となって周王朝の創業期を支えた。

(3)**鄧禹**　後漢の光武帝、明帝に仕えた建国の功臣。

(4)**六芸**　士の教養としての六つの芸能、技術のこと。礼は礼儀、楽は音楽、射は弓を射ること、御は馬車を操ること、書は書の技術、数は計算のこと。

(5)**御仏に頼る外はない**　原文は「不憑覺皇乎」。『世鑑』では「不憑覺皇手」となっているが、これでは意味がとりにくい。

(6)**石の卒塔婆**　原文「石浮図」。浮図はブッダの音を写したもので、仏塔などの意があるが、ここでは卒塔婆と解した。つまり、この石碑こそ卒塔婆である。卒塔婆とは、元々は仏の骨である仏舎利を納める塔を指したが、中世日本で発生した石塔婆即ち板碑は、死者に対する追善供養と生前に行う逆修作善などの為に建てられたとする。この石碑は一翁寧公の三回忌に建てられた追善供養のための卒塔婆である。

(7)**悟りに導く一語**　原文「一轉語」。一語にして迷いを転じて悟りをひらく言葉。

(8)**静寂なる無限の…**　原文「層々落々《そうそうらくらく》　三摩耶形《さまやぎょう》　這裡證入《しゃりしょうにゅう》　諦聴《たいちょう》諦聴」。「層々落々」とは高く広い様。「三摩耶形」とは仏を象徴する物。「這裡證入」とは「今頃は真理を悟って仏の境地に入っている」ということ。「諦聴」は「あきらかに聞け」の意。

(9)**前の円覚**　原文「前圓覺興龍雲」。円覚寺の前の住持である興龍雲の意。『由来記』巻十天徳山円覚寺の項の甲乙住持事は、開山の芥隠大和尚から七代目の住持として記す。

偶感雑感寸感③　奄美大島で交錯する二つの馬氏

『世鑑（一六五〇）』、『蔡鐸本世譜（一七〇一）』及び『蔡温本世譜（一七二五）』はそれぞれ、嘉靖一六年（一五三七）に奄美大島の與湾大親《よわんうふや》が王府に反乱したことを伝える。『世鑑』は尚清王は二月に三司官国頭を伴い自ら軍団を率いて出立したとする。『蔡鐸本』は尚清王は二月に三司官国頭馬思良を伴い自ら軍団を率いて出立したとする。『蔡温本』は春に将に命じて兵を出立させたとする。三書とも微妙に異なっているが、結論は與湾大親を自殺に追い込み反乱を鎮圧したストーリーとなっている。

『馬姓小禄殿内家譜《ばせいおろくとんちかふ》（一六九〇）』によると、小禄殿内の祖先である與湾大親は尚清王が派遣した軍団に征伐されたが、実は無実であってその子糠《ぬか》中城は首里で官位を得て、さらにその子の馬良詮《ばりょうせん》は三司官にまで上り詰め、その子の馬世榮《ばせいえい》、またその子の馬良弼《ばりょうひつ》に至るまで三代にわたって三司官になったことが記されている。一方、国頭御殿においても、遠征先で王の身替わりになって死んだ祖先の話が伝わっており、『世鑑』ではこれをもとに尚清王に同行した三司官国頭が王に代わって亡くなったと描かれたのであろう。宝口にあった国頭御殿の墓域内に建っていた、この石碑が記す一翁寧公が亡くなったのはまさに尚清王の治世中であった。

すなわち、いつの世代かわからないが、王が官軍を遣わして奄美の酋長である小禄殿内の祖先與湾を征討したという同家の祖先譚と、同じく遠征先で王の身代わりになって死んだ国頭御殿の祖先譚が、同家の祖先一翁寧公の碑文で結合して合成されたと考えられる。一翁寧公の死去年月という具体的な時間座標が与えられた『世鑑』の物語では、同家の祖先譚に基づき尚清王が親征したと描かれた。親征でなければ、三司官国頭は遠征先で「王の身代わり」にはなり得ないからである。

この『世鑑』の物語を書くにあたり向象賢に影響を与えたものは何か。それは当時の国頭御殿当主正則《せいそく》の存在であろう。正則は五回も鹿児島へ国王の使者として派遣された重臣であった。また、正則は尚豊王の弟摂政尚盛の娘円心を娶り、その上妹を尚豊の次男に嫁がせ、当時の王家とは極めて近い関係にあった。そこで向象賢は三司官国頭が死んだ記事の後、「代々公位は伝わり今の国頭王子瑞翁全忠（正則のこと）はその六世の後胤である。このように名子賢孫が輩出するのは、ひとえに一翁寧公の立派な徳から始まったのである」と最大限の賛辞を一翁寧公とその子孫の正則に贈ったのである。

『世鑑』で一翁寧公は「王に命を捧げた」国頭御殿の祖先である。しかし、小禄家譜に依る限り王は親征していないので一翁寧公は「王に命を捧げた忠臣」たり得ないのだ。それにもかかわらず、『蔡鐸本』を編纂した蔡鐸は『世鑑』の記述を引き継ぎ、尚清は親征して王に命を捧げたのは三司官国頭馬思良《ばしりょう》とした。蔡鐸が小禄家譜に従わず『世鑑』に従った理由は何か。それは当時の国頭御殿当主正長《せいちょう》が時の尚貞王の娘を娶っているからであろう。王婿である人物の祖先の功績に関わる事柄について、蔡鐸としては最大限の配慮を払わざるを得なかっただろう。

ところが、一七二五年に『蔡鐸本』を改訂して『蔡温本』を編纂した蔡温は、尚清王治世下の奄美遠征について、小禄家譜を引用して王が派遣したのは国頭馬思良ではなく単に「将」と表現し、王の身代わりとなって死んだ三司官の説話も削除している。そして「與湾大親の子は名を糠中城という。その子孫は馬を姓とし、今に至るまで繁栄している」と記している。この時点で王府は正式に尚清の大島親征を否定したことになる。

尚清代の大島遠征に関する記事では、『世鑑』と『蔡鐸本』では国頭御殿の側に立っていたが、『蔡温本』では小禄家譜を全面的に引用している。その理由は何か。小禄家譜によると、尚清は大将に命じて軍団を派遣し、無実の與湾を攻め立て自殺に追い込んだことになっている。『世鑑』や『蔡鐸本』によるとその大将こそ三司官国頭馬思良なのである。国頭御殿の祖先が王とともに大島を攻め、小禄殿内の祖先を自殺させたことになるのだ。しかしこれは、『蔡温本』編纂時の王家の構成をみると、全く看過できないのである。

何故なら、時の尚敬王妃仁室は小禄殿内の出身である。一方国頭御殿一一世正方《せいほう》は尚敬の又イトコにあたる。『世鑑』や『蔡鐸本』の記述を採用すると、時の王と王妃と国頭御殿の祖先とが争い、王と国頭御殿の祖先が王妃の祖先を自殺に追い込むことになるのだ。蔡温がその王妃の実家小禄殿内と、王の親戚にあたる国頭御殿とに配慮を払わないはずはあるまい。蔡温は尚清王代の遠征に代えて、尚元王代の奄美の酋長（もちろん小禄家とは無関係）の反乱に際して尚元親征に国頭御殿三世の正格《せいかく》が同行し、王の病に際して正格が王に代わって死んだと描いた。二世正鑑の功績をそのまま三世正格に付与し、代々按司位を与えられたと記した。

そして国頭家譜も二世正鑑について次のように記す。「嘉靖一六年に亡くなった。王は馬氏歴代の功労によって公費をもって宝口に新たに墓を賜った。しかし、年を経ること久しく正鑑の功績が何であったかわからない。嘉靖一八年に正鑑の徒弟が墓前に碑を立てた」。正鑑を一翁寧公とするが、奄美遠征のことも王に命を捧げたことも記されていない。それは全て三世正格の功績と記されている。

　このように、歴史書の記述は編纂当時の政治状況を色濃く反映して、変化していることが窺えるのである。

国頭御殿関係図

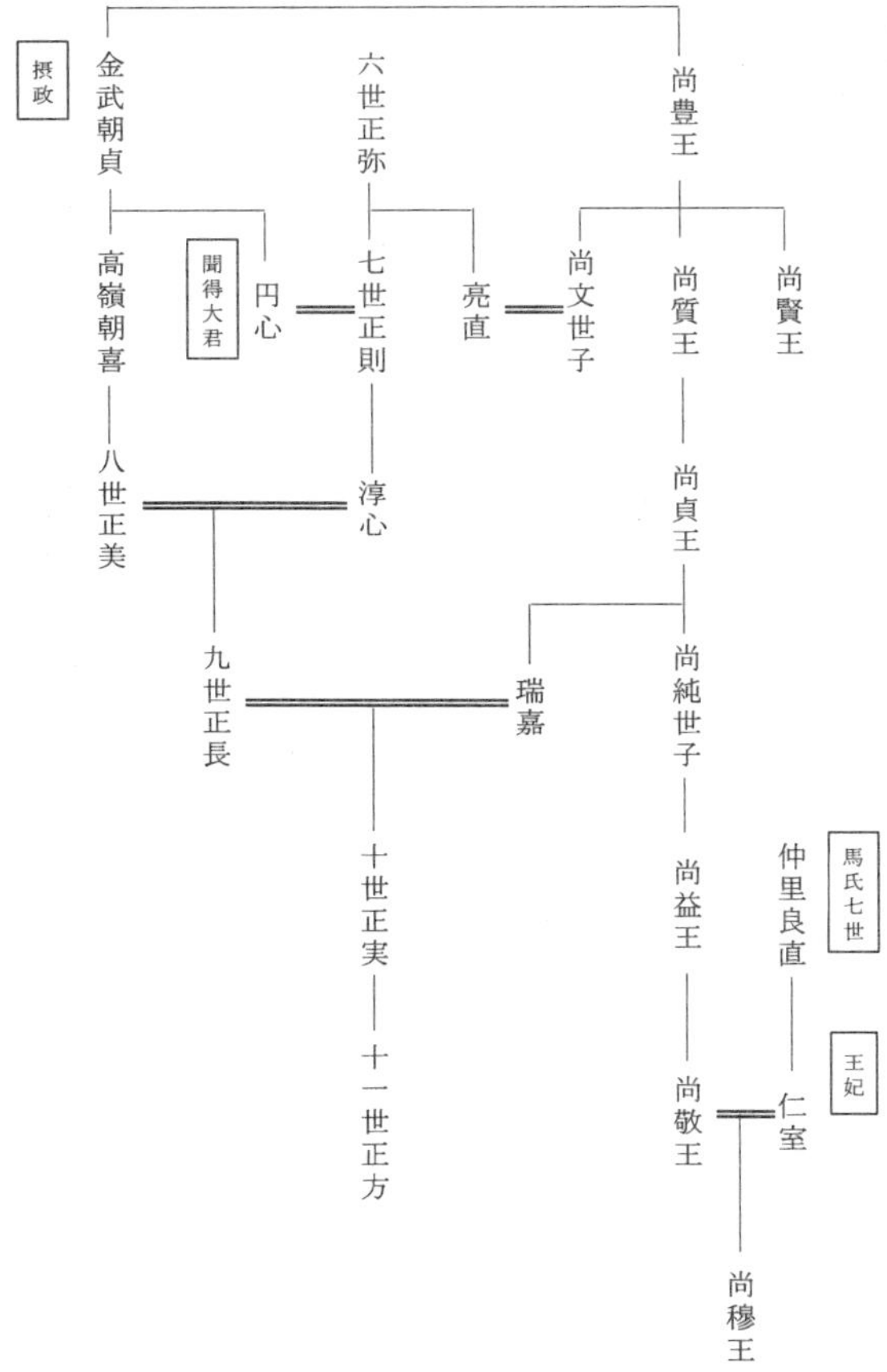

19　国王頌徳碑《こくおうしょうとくひ》（かたのはなの碑）　尚清王一七年（嘉靖二二年・一五四三）

「松を植えれば、道は清《きよ》らく松は涼《すず》し」

―神の降り給う聖なる御嶽に続く道は、松並木の美しい石畳となった―

〈所在地〉

ＪＡおきなわ首里城下町支店の向かいにある小さな三叉路の、首里城上の毛《うぃぬもー》側の歩道上の木立の下に『国王頌徳碑（かたのはなの碑）』が静かに建っている。

車道側に向いた石碑の表には仮名文字で、その裏には国王頌徳碑とタイトルを付されて漢文で刻まれている。通称「かたのはなの碑」について東恩納寛惇《ひがしおんなかんじゅん》は、赤田アカタのアが脱落したカタの先《はな》ではないかと述べている[1]。また、久手堅憲夫《くでけんのりお》によれば、上の毛の稜線の肩の端《はな》のことで、地相、地形上からの地名であろう[2]、としている。

石碑は先の第二次世界大戦で破壊されたが、現在地に復元されている。しかし、『首里古地図』で見ると、元々は鳥堀一丁目バス停留所（安里向け）

かたのはな碑

の背後地にあったのではないだろうか。表は漢字交じりの仮名文で、裏は『国王頌徳碑』と題されて漢文で刻まれている。

1 『東恩納寛惇全集7　南島風土記』二四一頁参照。

2 『首里の地名―その由来と縁起―』(久手堅憲夫、二〇〇〇、第一書房)二三九頁参照。

〈弁《べん》ヶ《が》岳《たけ》へと続く道と建立の目的〉

現在の鳥堀交差点は首里中学校寄りに変更されて、大きな十字路に改良されているが、以前は少し南寄りにある三叉路が本道であった。龍譚池方面からその三叉路に突き当たってやや右方向に伸びて弁が岳へ向かう小さな路地の一部が、この碑文で記されている尚清王の治世に改良された道であろう。

住宅地の中を縫うように少し上り気味の小さな路地を往くと、一旦やや大きな道路と交差するが、勾配を増した幅員の狭い坂を上りきると、建物の間から弁が岳が眼前に見えてくる。この辺りから弁が岳までの区間が、「雨が降る時は、泥土が深くなったので(略)石をはめ、松を植えた」道であろうと思う。『首里古地図』でも弁が岳へ続く道は記されており、粟国親雲上屋敷《あぐにぺーちん》前から並里《なみさと》親雲上屋敷を経て、弁が岳の麓の長嶺親雲上屋敷前を通っている区間がそれであろう。弁ヶ岳の周辺には住宅地が進出しているが、幽邃《ゆうすい》な御嶽は現在でも信仰を集める聖地である。弁ヶ岳へ続く道が完成したことを記念してこの石碑は建立された。

〈訳文〉

（表）

首里天(1)のみことのりを拝命し、道を造り松を植えた［ことを記した］碑文。

大琉球国中山王の尚清《しょうせい》は、尊敦《そんとん》以来二十一代の王の御位を嗣ぎ給う(2)。天より王の御名を

「天継王《てんつぎおう》ニセ(3)」

と授けられ、ご祝福は際限も無かった。

王加那志(4)は生まれながらに昔と今の事を悟られ、天下を統治なさること昔の中国の帝王である堯《ぎょう》や舜《しゅん》の御代(5)のようである。

ここに、王宮より東の方角に祈祷を捧げる森があって冕《べん》の嶽《たけ》という。ここでは聞得大君《きこえおおきみ》や君々(6)が、神や仏を祀る儀式をなさるが(7)、雨が降る時は泥や土が深くなったので、国王の

「道を造り松を植えよ」

とのみことのりを拝命した。

国々の按司部《あんじべ》(8)、アスタ部《べ》(9)、親雲上達《おやくもいた》(10)、里主部《さとぬしべ》そして家来赤頭《げらいあくかべ》(11)が心を一に合わせ力を増し、石を差し込み松を植えたので道は美しく、松は涼しい［木陰をつくった］。

一筋の道［の造営］に、人々は千両の金《こがね》をご褒美(12)として授かった。嘉靖二十二年（一五四三）癸卯《きぼう》六月二四日丁酉《ていゆう》の日に、聞得大君《きこえおおきみ》や君々《きみぎみ》が降臨なさった。［聞得大君が］天継王ニセ按司襲《あじおそ》い加那志《かなし》をお迎えする(13)と、［王と］眼《まなこ》をお合わせになって、［道の完成を］お喜びになった。

［王と大君に］思い子部(14)、国々の按司部、アスタ部、親雲上達《おやくもいた》、里主部そして家来赤頭が揃って御礼(15)

を拝み申し上げた。
村の役人(16)、若人、女達そして童《わらべ》に至るまで、夜も昼もお祈りを申し上げ、願い事が叶ったことに、喜び楽しむ事は際限が無かった。

大明嘉靖二十二年癸卯の八月吉日

大里の親雲上《おやくもい》　マフトガネ(18)

世アスタ部三人(17)　宜次々の親雲上　イヌタルガネ(19)

宮平の親雲上　マイクサガネ(20)

奉行(21)一人　花城の親雲上　マ五ラ(22)

（総注）『東恩納寛惇全集6　琉球人名考』一二三頁、『東恩納寛惇全集7　南島風土記』二四三頁にこの碑文の訳文が、高梨一美『沖縄の「かみんちゅ」たち』三九七頁以降にこの碑文の大意や碑文の背景、様式及び解説と語訳について詳細な考察がある。

（1）**首里天のみことのり**　『14　眞珠湊碑文』の注（1）参照。

（2）**尚清は尊敦以来二十一代の王の御位を嗣ぎ給う**　尚清は琉球国第二尚氏王朝第四代国王。『中山世譜』などの歴史書によれば尚真の五男。一四九七年に生まれ、一五五五年に亡くなった。即位は一五二七年。王妃は月江。尊敦即ち舜天王を王朝の鼻祖に据え、以降英祖、察度及び第一尚氏を経て第二尚氏がその正統な王位継承者であるとの主張を始めたのは尚清の治世からと考えられている。

また、原文「そんとん」に尊敦と漢字をあてたのは、『中山世鑑』において舜天の名が尊敦とされているからである[*1]。

＊1『訳注中山世鑑』五一頁参照。

（3）**天継王ニセ**　『世鑑』では神より与えられた名「天継アンジオスエ末続ノ王ニセイ」、『蔡温本世譜』では神号「天継之按司添」と記すので、「アンジオスエ」は「按司添」で、按司を襲う按司、つまり按司を支配する大按司の意。「末続」は『おもろさうし』に散見される、霊力を継承している貴人の意がある「精継《せいつ》ぎ」[*1]のことか。ニセは接尾美称[*2]。裏の国王頌徳碑では漢文で「天下王」とするので、テンツギ王とは文字のとおり「天を継ぐ」王ではなく、「天の頂《つじ》の」王の意なのだろう。いずれにせよ、天継按司オソイと末続ノ王という二つの部分で成り立っている。両方あわせて「天の頂点に君臨する支配者、霊力を継承する王」という意であろうか。

＊1『沖縄古語大辞典』三六五頁参照。

＊2『沖縄古語大辞典』五〇八頁参照。

（4）**加那志**　貴人の接尾尊称。

（5）**堯や舜の御代**　中国古代の理想的な世界を現出した帝堯と帝舜の治世のこと。

（6）**聞得大君や君々**　この時の聞得大君は尚清のオバである月清、若しくは姪の梅南であろう。また、君々とは、大君に次ぐ高級神女集団で、俗に三十三君と称される[*]。

＊『女官おさうし』十四頁以降参照。同書七七頁参照。

（7）**神や仏を祀る儀式をなさる**　原文「御遊び」。神と交信するこの神聖な場所が森や嶽などと呼ばれる。

（8）**国々の按司部**　按司は間切（領域的に平成の大合併前の市町村に相当する）を食邑《しょくゆう》とした貴族である。

（9）**アスタ部**　アスは長老の意、タは「達」で複数を表し、「部」は階層の意。

(10)**親雲上達**　『14　眞珠湊碑文』の注(10)参照。

(11)**里主部、家来赤頭**　『14　眞珠湊碑文』の注(10)参照。

(12)**ご褒美**　原文「ミおほけ」。たまものの意[*]。

＊『沖縄古語大辞典』一六〇頁参照。

(13)**お迎え**　原文「ミ御ミつかひ」。招待の意[*]。

＊『沖縄古語大辞典』四二一頁参照。

(14)**思い子部**　王子、王女達のこと[*]。この時は尚清王の十名の男子、二名の女子の都合一二名を指す。

＊『沖縄古語大辞典』一六四頁参照。

(15)**御礼**　『14　眞珠湊碑文』の注(15)参照。

(16)**村の役人**　原文「オヱ人」。間切や村で役目を与えられた者。地方吏員のこと[*]。

＊『沖縄古語大辞典』一七五頁参照。

(17)**世アスタ部三人**　『14　眞珠湊碑文』の注(25)参照。

(18)**大里の親雲上　マフトガネ**　大里間切内に地頭地を与えられた高級官人[*1]の意。マは接頭美称、カネは接尾美称。名前の本体はフト。このマフトガネは『中山王府相卿伝職年譜』によれば尚清王代の三司官麻勃都《まふと》、麻姓大里《ませいおおざと》親方盛行《せいぎょう》のこと[*2]。童名のマフトに麻勃都と漢字を作り、子孫達は始祖の童名に作った漢字の最初の一字を自らの家系の姓としている。

＊1『球陽　原文編』四一頁参照。

＊2『中山王府相卿伝職年譜』とは洪熙五四年(一七一六)に編纂された、歴代の国相、歴代の三司官が記され

ている。その後加筆されている。本書では『中山王府相卿伝職年譜　位階定』（法政大学沖縄文化研究所編、一九八六）を参照した。同書一六頁参照。

（19）**宜次々の親雲上　イヌタルガネ**　東風平間切内に地頭地を与えられた高級官人の意。本来なら東風平親雲上を称すべきだが、この時、尚清王の六男尚范国が東風平王子と称しており、東風平村に次ぐ村の名を称したものか。このイヌタルガネは『中山王府相卿伝職年譜』によれば殷姓宜壽次《いんせいぎすじ》親方庸憲《ようけん》のこと。[*] イヌタルガネは漢字で殷達《いんた》魯《る》と作ったので、子孫は殷姓を名乗っている。

＊『中山王府相卿伝職年譜　位階定』一五頁参照。

（20）**宮平の親雲上　マイクサガネ**　南風原間切内に地頭地を与えられた高級官人の意。南風原間切は王家の直轄地なので、南風原間切総地頭職に任じられても、王家を憚って南風原の親雲上ではなく、宮平の親雲上と称した。[*1]『蔡温本世譜』は「眞伊久佐の子孫はいない」と記す。[*2]

＊1『沖縄県姓氏家系大辞典』二五頁参照。

＊2『琉球史料叢書　四』「中山世譜」九四頁参照。

（21）**奉行**　この石碑建立事業の実務を担った役職のことか。

（22）**花城の親雲上　マ五ラ**　具志頭間切花城村に地頭地を与えられた官人の意。同じ親雲上でも、先の三人と違って間切ではなく村名を冠する中級官人のこと。

（裏）

大琉球国中山王の尚清は、舜天以来二十一代の王孫であらせられ、天《てん》は聖号を[(1)]

「天下王(2)」

と賜った。［王は］生まれながらに気高くすぐれて、古今の事を悟っておられる。賢く見聞(3)に優れて道理に通じ、生まれながらに法を知っておられる。

全てが堯《ぎょう》や舜《しゅん》(4)の仁徳があまねく行き渡る太平の世(5)と同じであった。才能を内に隠し従順で、［人民を］育て養うことと合わせて、大きな事と小さな事を分け隔てられることはない。永く久しい年月も、満ち足りて貧しいことはなく、極めて平和に治まった時代に今、至っているのである。

「天と地とは永久に尽きることはない」

と、万歳を三唱した。

ここに険しく高い嶺があって、他の嶺々に勝っている。冕嶽《べんのたけ》(6)と号する。その頂きは木々が深く生い茂り、その枝葉《えだは》は婆娑《ばさ》(7)然として、翠鳳《すいほう》(8)が翼を張っているようである。これは、すなわち神仙が降臨し給う霊地なのである。

そうであったから、上は国王、大臣、公卿《くぎょう》、大夫《だいぶ》(9)から、下は僧侶、俗人に至るまで、尊き者も卑しき者も、男も女も、貴き者も賎しき者も問わずに、泰山《たいざん》(10)北斗のように仰ぎみている。朝に夕に訪れ、うやうやしく心を込めて水をそそぎ、敬い信じている。

或いは花をささげ、或いは香を焼いて、幸せを祈り、長寿を祈り、仕官することを祈り、幸いを祈って、願いが叶わないことはなく、思って実現しないことはなかった。

その嶽《たけ》のふもとに曲がりくねり高低のある長い道があった。日照りになれば道は崩れ、前に後ろにつまずき倒れて、人々の往来に不便であった。牛馬を挽《ひ》いても蹄《ひづめ》を挙げることが難しく、雨ともなれば泥や土は深くなり、足を踏み入れると抜けることはない[11]。老人や幼子《おさなご》の往来にも不自由で、雀や燕の言葉は人を嘲笑《あざわら》うかのようであった。

これによって国王はみことのりして、公卿、大夫、大臣、百官、庶民達に「小石を敷いて道を造り、若松を植えて陰をつくり憩えるようにせよ」とお命じになった。それぞれがうやうやしく敬ってみことのりを承った。力を合わせて心を一つにして、地を削って石を粉砕し、林を左右に分け開いて、松を植栽した。朝となく暮となく暇《いとま》を取ること無く造営を続けた。

一本の道を広く開くために大金を投下して［完成した］道は凹凸《おうとつ》はなく、狭いところもなく、平坦であった。松は涼しい風に音をたて、［それは］立派な琴のように鳴って秀でていた。人々はその行き帰りを笑い楽しみ、喜ぶこと極まりがなかった。

その文に曰く。

邦幾千里《くにいくせんり》にして（国家は千里四方に広がって）
聖躬《せいきゅう》は萬歳なり（国王はご長寿でいらっしゃる）
石を甃《つ》み路を修《つく》りて（石を積んで道を造営し）
太平の世を記す（太平の世を［石碑に］記す）
松を植へ涼しきに蔭《いこ》ひ（松を植えて［その］涼しい陰で）
漢の武帝を仰ぐ[14]（漢の武帝を思い敬う）
遠き天への大願（遥《はるか》なる天《そら》への大いなる願いは）

海の弘誓《ぐぜい》に比《くら》ぶ（深い仏への祈りに等しい）
詞を斯の石に琢《みが》き（言葉を石に刻んで）
慶《よろこび》を末裔《まつえい》に継ぐ（この喜びを子孫に伝えよう）
大明嘉靖二十二年（一五四三）癸卯《きぼう》(15)の年、八月中旬の大吉日に建立した。
日本南禅琉球の円覚精舎《えんがくしょうじゃ》、老僧釋檀溪全叢《しゃくだんけいぜんそう》(16)が丁重に著《あらわ》した。

(1)**天は聖号を**　原文「号」。『中山世譜』は神名、神号と整理する。神女が新王の即位に際して授ける。尚豊王まで神号がある。

(2)**天下王**　前掲「かたの鼻の碑文」では、天ツギ王ニセとある。

(3)**見聞**　原文「視徳」は視聴の誤りと考えて、このように訳した。

(4)**堯や舜**　原文「華動」。動華は堯と舜。堯を放勲、舜を重華という。

(5)**仁徳があまねく行き渡る太平の世**　原文「風雨」。前項と併せて華動風雨は堯風舜雨と同義である。堯風舜雨は、堯と舜の仁徳を風雨の恵みに例えて、太平の世をあらわす熟語として使われる。

(6)**冕嶽**　冕には冠の意があるので、国内の他の山に冠たる嶺の意であろう。

(7)**婆娑**　木々の葉が風に鳴る形容。

(8)**翠鳳**　カワセミの羽で鳳凰に象り、天子の旗に飾り付けたもの。または、その飾りがある天子の乗り物のこと。

(9)**大臣、公卿、大夫**　大臣に相当するのが三司官、公卿に相当するのが親雲上達、大夫に相当するのが里主部や家来赤頭である。

(10)**泰山北斗**　泰山と北斗星。中国では天子が即位すると、泰山で封禅の儀式を執り行った。北斗星と併せて、人の仰ぎ尊ぶものの例え。

(11)**足を踏み入れると抜けず**　原文「而跼天蹐地」の意は、甚だ恐れて身の置き所もない様のことで、文脈と合わないと考えたので、このように訳した。

(12)**国家**　原文「邦」。天子から封建された諸侯の国。

(13)**千里四方**　原文「畿千里」。王都を中心とする千里四方の地域。

(14)**漢の武帝**　劉徹。在位前一四一年から前八七年。治世前半は匈奴への遠征や有能な官吏の登用で漢王朝の絶頂期を現出した。父の尚真と同じく、尚清も武帝を理想の君主と仰いでいた。

(15)**癸卯の年**　原文「龍集癸卯」。龍は木星のこと。この星は一年に天空を一次だけ移るので、一年のことを龍集という。すなわち紀年の語に用いる言葉のこと。

(16)**日本南禅琉球の円覚精舎…**　檀溪全叢は『由来記』巻十天徳山円覚寺の項の甲乙住持事に、開山の芥隠大和尚から八代目の住持として記す。「日本南禅琉球円覚精舎」とは、日本の禅宗の南端にある円覚寺の意。「釋」は僧侶が名乗る姓で、原文「老衲」は老僧のこと。

20　新築石墻記《しんちくせきしょうき》（添継御門《すえつぎうじょう》之北之碑文）　尚清王二〇年（嘉靖二五年・一五四六）

「一重《ひとえ》に築き以《もっ》て高く聳《そび》えるも遠曲《えんきょく》にして淺薄《せんぱく》なり」
―首里城の東南の城壁を二重にせよ。不気味にうごめく倭寇の影―

〈所在地〉

観音堂から通称赤マルソウ通りを首里城方向に上っていくと、やがて右手に崎山公園の木立が見えてくる。さらに進むと右手に瑞泉酒造がある。その正面の小さな路地を左に入り狭小な幅員の道路を道なりに進むと、正面に首里城の継世門《けいせいもん》（添継御門）が現れる。その門に向かって右手に建っているのが北之碑文、左手にあるのが南のひのもんである。先の大戦で破壊されたが、継世門とともに復元されている。漢文で刻まれている。

〈建立の目的〉

この北之碑文に「首里王城の城壁は、西北は昔から二重に築かれ、銀山鉄壁のように堅牢だが、東南の城壁は一重に築かれ、高く聳《そび》えるが曲がりくねって浅薄であった」とあるとおり、嘉

現在の継世門（添継御門）

靖二三年（一五四四）当時は、城壁の北西側は既に現在の如く二重になっていたが、東南側は正殿裏側の美福門がはめられた城壁しか存在していなかった、ということである。たしかに、その城壁を東側に進むと、東のアザナの付近で急激に北に方向を変えて、更にアザナを回り込むように西に伸びている。継世門がはめられた城壁が築かれる前は、その付近の道から美福門がはめられた城壁を見上げると、高くそびえて、曲がりくねっていた様が見てとれたことであろう。

この首里城壁の大増築も、一五五四年のヤラザモリ城の築造と同様、倭寇の活動が再び活発になったことと関連しているのだろう。この増築を記念してこの石碑は建立されたのである。

継世門北の碑

〈訳文〉

【新築石墻記《しんちくせきしょうき》】

大琉球国中山府首里の都(1)の今上《きんじょう》国王尚清は、太祖舜天《しゅんてん》以来二十一世の王孫であらせられる。ああ、聖なる王朝は天下の隅々までを統《す》べて偉大である。天下を撫《な》で慈《いつく》しみ、歴代の祖先の志を継いでおられる。大いなる事業を継承され、堯や舜など夏、殷、周の三代の王朝で行われた理想の政治を継承して、和《やわ》らぎ楽しみ、よく治まる風土をおつくりになった。

その威光は穏やかな風に木々がなびくようである。その恩は大地に篤く恵みの雨が染み入るようである。

ああ、偉大である。盛大である。

大明の嘉靖二十三年（一五四四）甲辰《こうしん》、六月二十日丁亥《ていがい》の大吉日を選んで、国王のみことのりを大臣、官長(2)はお受けした。首里王城の西北の城壁は、昔から二重に築かれ銀山鉄壁のように堅牢だが、東南の城壁は一重に築かれ、高く聳《そび》えるが曲がりくねって［守りが］薄かったので、

「新しい城壁をもう一重築いて加えよ」

とのお考えである。このお考えを心の奥に刻むこと年は久しく、どのようにすべきであろうか。

そうであったから、国王の世子(3)から庶子達、公卿、大夫の嫡子達に至るまで、百姓や平民とともに連なり従った。遠さや近さをいとわず、寒さも暑さをも言い訳せず、昼と無く夜と無く、朝早くから夜遅くまで、星の光を浴び月を崇《あが》め、風に髪を梳《す》かせ雨に濡れて、体は異なっても心を一つにして、世をあげて歌い、この仕事に力を尽くした。

奥深い山を穿《うが》ち、微かでほの暗い洞穴を穿つと、大きな石も小さな石も、自ら頭を下げて飛び出してくるではないか。これを肩に担ぐ者、これを車で曳《ひ》く者がいたので、ここに集積された石々は、山のように積み上げられたのである。

数名の石匠は石を刻み削り、研《みが》いて、或いは規《ぶんまわ》(4)し、或いは大きさを測って、少しの怠慢も無く、そ

のまさかりと斧の音響は、あたかも金《こがね》で玉《ぎょく》を打てば共鳴する[5]ようではないか。

これ（削った石）を築いて積み上げて、その［城壁の］高さは五丈、[6]その厚さは二丈、その長さは二百三十尋《ひろ》[7]であった。［積み上がった］その城壁の様を例えると、星々が北極星に従っているようである。甲辰《こうしん》の年（一五四四）の六月中旬から作業して、段々と石を積《つ》み上げて、丙午《へいご》の年（一五四六）の七月上旬に至って、全て完成した。国王は金銀、米などの穀物、金銭や織物、衣服や食物、茶や菓子、酒や肴を恩賜された。尊き者も、年長者も幼き者も、卑しき者も、老いも若きも差別することなく、均等にお与えになった。それぞれの者達は感動に震え、何度もひざまずき額をこすりつけて［国王を］敬い、国王の長寿を祝して、国家がよく治まることを祈った。

よく仁の政治に懐《なつ》いて、その壮観を永く楽しんだ。何とよろしきことか。

大明嘉靖二十五年（一五四六）丙午《へいご》の年の秋、[8]八月の大吉日にこれを建立した。

三司
賀那巴大臣《がなはだいじん》[9]　塩太良加禰[10]
河内《こうち》大臣[11]　何毎太良[12]
國上《くにがみ》大臣[13]　塩太郎加禰[14]
奢那主司《じゃなしゅし》[15]　思五良[16]

奉行
花城《はなぐすく》主司[17]　麻左介[18]
麻勃尼《まぶに》主司[19]　麻太郎[20]

扶桑《ふそう》の南禅球陽円覚《えんがく》の老僧檀渓全叢《だんけいぜんそう》[21]が丁重にこれを記した。

(1)**大琉球国中山府首里の都**　原文「邑」。邑は村の意ではなく、国都のこと。

(2)**大臣、官長**　大臣は三司官を拝命したオオヤクモイを指し、官長というのは、奉行職を与えられたオオヤクモイを指す。

(3)**国王**　原文「天子」。天子《てんし》は中国皇帝のことだが、国王尚清を指している。後掲『極楽山之碑文』における「英祖之天子」は、その表に刻まれる『ようどれのひのもん』における「エソノテダ」の漢訳なので、国王を指すテダを天子と漢訳した可能性もある。『極楽山之碑文』の注(2)参照。

(4)**規し**　コンパスで測ること。

(5)**金で玉を打てば共鳴する**　原文「金舂玉應」。八世紀後半、中唐の代表的詩人韓愈の詩に「金舂撼玉應」という五言句が見える。黄金で美しい宝石を揺らし打てば、互いに共鳴して美しい音を奏でる、と言う程の意か。

(6)**丈**　長さの単位。明時代の一丈はおよそ三・一一メートル。

(7)**尋**　長さの単位。一・八メートル。一説には一・五メートルとも。

(8)**大明嘉靖二十五年丙午の年の秋**　原文「大明嘉靖二十五祀龍集丙午仲秋」。祀は「年」をあらわす。龍集の龍は木星のこと。この星は一年に天空を一次だけ移るので、一年のことを龍集という。

(9)**賀那巴大臣**　大臣とは、後掲南の碑文におけるオオヤクモイに対応するので、豊見城間切内に地頭地を与えられた高級官人の意で、かつ三司官に就任している者のこと。本来なら豊見城大臣を称すべきところ、この時、尚清王の九男尚龔礼《きょうれい》が豊見城王子と称していたので、主邑の名を称したものであろうか。

また、三司とは世アスタ部に対応する。つまり三司官のこと。

(10)**塩太良加禰**　南の碑文では、シホタルカネとする。このシオタルカネは『中山王府相卿伝職年譜』によれば封徳《ほうとく》新《しん》我《が》那《な》覇《は》親方助元《じょげん》のこと。*

＊『中山王府相卿伝職年譜　位階定』一六頁参照。

(11)**河内大臣**　西原間切内に地頭地を与えられた高級官人かつ三司官の意。西原間切は王家の直轄地なので、南風原間切総地頭職に任じられても、王家を憚って西原大臣ではなく、河内(幸地)大臣と称した。

(12)**何毎太良**　南の碑文では、タルカネとする。『蔡温本世譜』は「樽金。幸地大屋子森と称す。嘉靖二五年の継世門碑記に見える。子孫はいない」と記す*。

＊『琉球史料叢書　四』「中山世譜」九四頁参照。

(13)**國上大臣**　国頭間切内に地頭地を与えられた高級官人かつ三司官の意。

(14)**塩太郎加禰**　前掲(9)と同名。琉球では名前の種類が少ないため、同名というのはよくある。このシオタルガネは『中山王府相卿伝職年譜』によれば呉啓元《ごけいげん》国頭親方先元《せんげん》*のこと。

＊『中山王府相卿伝職年譜　位階定』一六頁参照。

(15)**耆那主司**　浦添間切謝名村に地頭地を与えられた中級官人の意。主司は、南の碑文において村を食邑として与えられた里主に対応する。

(16)**思五良**　南の碑文では、マ五《ご》ラとする。

(17)**花城主司**　具志頭間切玻名城村に地頭地を与えられた中級官人の意。

(18)**麻左介**　南の碑文では、マサカヒとする。阿姓前川家の家譜は「三世阿波根親雲上守庸、童名は真境。唐名は阿覇勲。号は仁岑。(略)尚真王世代の正徳六年辛未に父の跡目となって具志頭間切花城地頭職に任じられた。嘉靖二十三年甲辰から同二十五年にかけて添継御門の石垣普請奉行を勤めた」と記す*。

＊『那覇市史　資料篇第1巻7　家譜資料(三)首里系』三頁参照。

(19)**麻勃尼主司**　摩文仁間切摩文仁村に地頭地を与えられた中級官人の意。

(20)**麻太郎**　南の碑文ではマ三《さん》ラとするが、漢文では太郎である。何れかの誤刻である。

(21)**扶桑の南禅球陽円覚の老僧檀渓全叢**　扶桑は日本の雅名、球陽は琉球の雅名。『由来記』巻十天徳山円覚寺の項の甲乙住持事は、檀渓全叢は開山芥隠以来八人目の円覚寺の住持として記す。

21　新築石墻記《しんちくせきしょうき》（添継御門《すえつぎうじょう》の南のひのもん）　尚清王二〇年（嘉靖二五年・一五四六）

「石垣の根立ての深さは二広、厚さは五広、丈は十広」

—沖縄島、奄美、宮古、八重山の役人、人々が集って積み上げた首里の城壁—

〈所在地〉

北之碑文の項を参照のこと。漢字交じりの仮名文で刻まれている。

〈時代背景と建立目的〉

北之碑文の項を参照のこと。

〈訳文〉

【新たに石垣を加える】

首里の王《おう》、天継王《てんつぎおう》ニセ按司襲《あんじおそ》い加那志《がなし》天(1)のみことのり(2)により、スエツギ御門《うじょう》の御石垣を積みあげた時の碑文《ひのもん》。

首里天継按司襲い加那志天のみことのりである。御城《おぐすく》の御石垣は美しく(3)強固だっ

継世門南の碑

たが、御城の搦め手(4)南表《はえおもて》は一重《ひとえ》であったので、王は広くお考えを召され、

「[二重に]石垣を積ませよ」

とのみことのりを拝命した。

国々の按司部《あんじべ》、三番《みばん》の親雲上《おおやくもい》達(5)、里主部《さとぬしべ》そして家来赤頭《げらいあくかべ》、沖縄島(6)、奄美《あまみ》諸島(7)、宮古、八重山(8)の役人(9)、尊き者も卑しき者も、老人も若人も[多くの]人々が揃って御石垣を積みあげた。御石垣の基礎の深さは二広(10)、厚さは五広、高さは十広、長さは二百三十広に積みあげて、御蔵(11)も造営した。

嘉靖二十五年(一五四六)丙午《ひのえうま》の八月一日 癸酉《みずのととり》の日に、聞得大君《きこえおおきみ》と君々が降臨なさり、落成式の時(12)に御セゼル(13)を賜った。

「[神が]首里森を、真玉《またま》森(14)をお造りになった。雲子《くもこ》嶽をヨッキ嶽(15)を織り上げられ(16)、積み上げられた。この世の搦め手(17)、アオリヤ嶽を織り上げられ積み上げられた。[神のご加護を受けた王が]スエツギの立派な板門《いたじょう》をお造りになった」

と祝福を召され、御オモロ(18)を賜った事に思《おも》い子《こ》部(19)、国々の按司部、親雲上達、里主部そして家来赤頭部、沖縄島[の人々]、奄美[の人々]、宮古、八重山の役人、[周辺の]島[々の人々と]共に(20)御礼を申し上げた。

また、九月三日丁巳《ひのとみ》の日に、ニルヤ大主《ぬし》と君々(21)が[首里に]お上りになり(22)、首里天継按司襲い加那志をお迎えになって祝福を召された。御オモロを賜った事に、揃って御礼を申し上げた。

そして、長老と僧達(23)が揃って御石垣の御供養の御祝いを召された。この御石垣を積み上げている間は、日々のご褒美(24)は数知れず、月々に拝領物を賜ったので、「首里天継按司襲い加那志天が千年もの御長寿を召されるように」と御礼を申し上げた。

嘉靖二十五年丙午《ひのえうま》、十二月三十日に記した。

世《よ》アスタ部《べ》(25)三人
我那覇《がなは》の親雲上《おおやくもい》　シホタルカネ(26)
幸地《こうち》の親雲上　タルカネ(27)
国頭《くにがみ》の親雲上　シホタルカネ(28)

奉行三人
謝名《じゃな》の里主《さとぬし》(29)　マ五ラ(30)
花城《はなぐすく》の里主　マサカヒ(31)
摩文仁《まぶに》の里主　マ三ラ(32)

(総注)高梨一美『沖縄の「かみんちゅ」たち』四〇八頁以降にこの碑文の大意や碑文の背景、様式及び解説と語訳について詳細な考察がある。

(1)**首里の王、天継王ニセ按司襲い加那志天**　『14　眞珠湊碑文』の注(1)参照。

(2)**みことのり**　『14　眞珠湊碑文』の注(1)参照。

(3)**美しく**　原文「きよらさ*」。キヨラはその後転訛して現在はチュラと発音する。

*『沖縄古語大辞典』二三五頁参照。

(4)**搦め手**　原文「こしあて」。拠り所、背にするもの*の意。この場合は城の背後地のこと。

*『沖縄古語大辞典』二七八頁参照。

(5)**三番の親雲上達**　原文「みはんの大やくもいた」。タは達で複数を表す。第二尚氏王府では官人を、丑の日番、巳の日番、酉の日番に分けて、三交替で出勤させていた*。

＊『球陽　原文編』四九頁参照。

(6)**沖縄島**　原文「こくより上下」は此処より上下《かみしも》の意で、此処とは首里城である。＊首里より上は沖縄島中北部を、首里より下は沖縄島南部を指す。即ち沖縄島全域のこと。

＊『沖縄古語大辞典』二一三頁参照。

(7)**奄美諸島**　原文「おくとより上」。おくとは沖の海のこと。＊ここでは、沖の海より上に位置する奄美列島のことである。航路或いは海の道を渡《どう》という。

＊『沖縄古語大辞典』一二七頁参照。

(8)**宮古、八重山**　宮古島地方、八重山島地方のこと。

(9)**役人**　原文「おゑか人」。間切や村で役目を与えられ地方吏員のこと。＊役職に附随する耕作地をヲエカ地という。

＊『沖縄古語大辞典』一七五頁参照。

(10)**広**　長さの単位。一・八メートル。一説には一・五メートルとも。仮に一広一・五メートルだった場合、首里城北側の淑順門北東部から増築を始め、東進して東のアザナをぐるりと取り囲みながら南進して、継世門あたりから南西に進んで元からある城壁に接続させると、(地図上の雑な計測だが)約四五〇メートルとなり石碑の記述と合致する。

(11)**御蔵**　石垣造りの門の上にのっている櫓のことか。

(12)**落成式の時**　『14　眞珠湊碑文』の注(5)参照。

(13)**御セゼル**　『14　眞珠湊碑文』の注(6)参照。

(14)**首里森、真玉森**《またま》　首里城内にある最も神聖な御嶽。『おろもさうし』で頻出する。

(15)雲子《くもこ》嶽、ヨッキ嶽　首里杜、真玉森を形容する語句。雲子は美しい意[*1]、ヨッキは世慣れたの意、御嶽の美称とする。[*2] 或いはヨッキは世を支配する霊力が憑く、程の意か。

＊1『沖縄古語大辞典』二五四頁参照。

＊2『沖縄古語大辞典』七一四頁参照。

(16)織り上げ　石を積み上げることの美しい形容。[*]

＊『沖縄古語大辞典』一七二頁参照。

(17)世の搦め手煽りや嶽　首里城のクサテ杜はアオリヤという名の御嶽だったのであろうか。

(18)御オモロ　王府の祭祀で謡われる歌謡のこと。[*] この碑文で見る限りミセゼルと同様、神の託宣を表現する唄のこと。御はミと読むのかオと読むのかわからない。

＊『沖縄古語大辞典』一六八頁参照。

(19)思い子部　原文「おもひくわへ」。[*] 部は階級や階層を表す。王子達のこと。この時の王子は、尚清王の十名の男子、二名の女子の都合一二名。

＊『沖縄古語大辞典』一六四頁参照。

(20)御礼　『14　眞珠湊碑文』の注(15)参照。

(21)ニルヤ大主、君々　ニルヤは海の彼方の楽土と観念される世界。[*] その地の神官。

＊『沖縄古語大辞典』五一〇頁参照。

(22)お上り　聞得大君が降臨するのに対して、ニルヤ大主は逆に首里に上ると表現されるので、首里以外に居住する地方神官だろうか。

(23)**長老と僧達**　長老は住持すなわち住職を指し、僧達は修行僧を指す。

(24)**褒美**　『19　国王頌徳碑（かたのはなの碑）』の注(12)参照。

(25)**世アスタ部三人**　『14　眞珠湊碑文』の注(25)参照。

(26)**シホタルカネ**　『添継《すえつぎ》御《う》門《じょう》之北之碑文』では塩太良加禰と漢字を作る。

(27)**タルカネ**　同じく何毎太良と漢字を作る。カミタルと読めるが、或いはカネタルと読むか。

(28)**シホタルカネ**　同じく塩太郎加禰と漢字を作る。

(29)**里主**　同じく「主司」と漢訳されている。『球陽　原文編』の説明によれば、里主は家督を相続して地頭になったが、未だ成年にいたらない者の称号となるが、三人ともに未成年の地頭とは考え難い。或いは里主という称号は、里之子親雲上の下略の可能性もあろうか。

(30)**マ五ラ**　同じく思五良と漢字を作る。ウミとマは同義である。

(31)**マサカヒ**　同じく麻左介と漢字を作る。

(32)**マ三ラ**　同じく麻太郎と漢字を作る。マタルと読めるので、何れかが誤っている。

22　やらさもりくすくの碑　尚清王二八年（嘉靖三三年・一五五四）

「沖縄の天ぎや下は、聞得大君の御せぢの御守り召しよわる」

―垣花に完成した要塞に、最高神官は王朝の命運を託する祝詞を捧げた―

〈所在地〉

『那覇読史地図』[1]によると、那覇港の南側にある儀間村、現在の那覇軍港や那覇自由貿易地域あたりから、海に細く伸びた桟橋様の道の先にヤラザモリ城《ぐすく》が記されている。現在は埋め立てられてその面影はないが、那覇市西三丁目のロワジールホテルの裏側がヤラザモリ城の対岸にあった三重城だから、その向かいの那覇軍港の岸壁付近に存在していたのであろう。石碑は、当初ヤラザモリ城の外部にあったが、その後内部に移された。[2]表も裏も漢字交じりの仮名文で刻まれている。

また、冊封使《さくほうし》徐葆光《じょほこう》もこの碑文について言及している。[3]

1　『那覇読史地図』とは沖縄風土記刊行会が発行した地図。嘉手納宗徳によると、伊地知貞馨（いじち　さだか）所蔵の地図等を参考に古老達の協力を得て作成したとある。

三重城から遠望するやらざ森グスク跡

2　『沖縄大百科事典』下巻七六〇頁参照。
3　徐葆光『中山伝信録』三三六頁参照。

〈建立の目的〉

嘉靖大倭寇と称される大規模な活動が前年から始まっており、ヤラザ森城の整備による那覇港の守備体制強化の理由は、この影響であると東恩納寛惇が指摘している。これが尚清王治世に建立された最後の石碑である。この石碑建立の丁度一年後の六月二五日に尚清王は亡くなる。死を目前に国の将来を憂えたのだろうか。

この石碑は、要衝ヤラザモリの完成を記念するとともに、有事の際の守備隊配備について命ずるために建立されたのである。

〈訳文〉

（表）

琉球国中山王尚清、天継《てんつぎ》王ニセ按司襲《あんじおそ》い加那志《がなし》の、

「国のヨウシ[2]である那覇港の守備の為に彌良坐森《やらざもり》の外側に城壁を積ませよ」

とのみことのりを拝命した。

国々の按司《あんじ》[1]、三番《みばん》の里主部《さとぬしべ》[3]、家来赤頭《げらいあくかべ》、沖縄島、離島[4]［の人々］がともに揃い、ご奉仕して城壁を積み上げて奉ったので、嘉靖三十二年（一五五三）癸丑《みずのとうし》の年の五月四日己酉《つちのととり》の日に、聞得大君《きこえおおきみ》と君々

が降臨なさった。[5]落成式の時の［お唄いになる］御《み》セゼル[6]で［神のご加護を受けた王が］ヤラザ森にヤヘザ森[7]に、石ラゴを真シラゴ[8]を織り上げ[9]られ積み上げられた。ミシマヨネン、オクノヨネン[10]、［神のご加護を受けた王が］世を支配する杜を、国のマテヤ[11]をお造りになり、お望みになった。［神女に降り給うた神が］ダシカの木の釘をしっかりと差され[12]、アザカとカネ[13]でとどめられた。マウ祓って、ミヨ[14]祓って」

とお祈りを召された。

　そうであるから、

「千年も敵を寄せ付けることはない」

と王加那志も御礼を申し上げ、沖縄島の按司[15]も下司《げす》[16]も揃って多くの御礼を申し上げた。また、長老、坊主達[17]が揃って地固《じかた》[18]めの祝福を召された沖縄《おきなは》の天下は、聞得大君の霊力によって守護されているので、昔から、敵軍が攻め寄せる[19]ことはなかった。

　しかし、王のお考えによって、

「国のヨウシのためにどのようにすべきか。有事の際は三番の御真人《おまひと》[20]のうち一番の守備隊は首里の御城の守備にあたり、［次の］一番の守備隊は那覇の守備にあたり、［残り］一番の守備隊及び南風原《はえばら》[21]、島添大里《しまおそいおおざと》[22]、知念《ちへねん》[23]、佐敷《さしき》[24]、下島尻《しもじましり》[25]、喜屋武《きやめ》[26]の守備隊は垣花地[27]のヤラザ森城に集結せよ[28]」

とのご公務をお定めになった。

　仰せつかったみことのりは、

「国土を守る士気は、盤石の礎石の様に、いつまでも動くことなかれ。揺らぐことなかれ[29]」

大明嘉靖三十三年（一五五四）の六月大吉日
城間《ぐすくま》の親雲上(30)　マイクサ(31)
世アスタ部三人(32)　内間《うちま》の親雲上(33)　マトク(34)
東風平《こちんだ》の親雲上(35)　マウシ(36)
奉行一人　勝連《かつれん》の親雲上(37)　マフト(38)

（総注）『東恩納寛惇全集6　琉球人名考』一四八頁にこの碑文の意訳文が、高梨一美『沖縄の「かみんちゅ」たち』四二〇頁以降にこの碑文の大意や碑文の背景、様式及び解説と語訳について詳細な考察がある。

（1）**加那志**　『14　眞珠湊碑文』の注（4）参照。

（2）**ヨウシ**　不明。文脈からは「守護するべき要所」などの意ととれる。

（3）**三番の里主部**　第二尚氏王府は官人を、丑の日番、巳の日番、酉の日番に分けて、三交替で出勤させていた。*部は階級や階層を表す。

*『球陽　原文編』四九頁参照。

（4）**沖縄島、離島**　原文「かミしもちはなれ（上下、地離れ）」。上下は首里より上下で沖縄島のこと。地離れは離島のことで、*現在でもハナレ、パナリという。

*『沖縄古語大辞典』六〇〇頁参照。

（5）**落成式**　『14　眞珠湊碑文』の注（5）参照。

（6）**御セゼル**　『14　眞珠湊碑文』の注（6）参照。

(7)**ヤラザ森ヤヘザ森**　『由来記』には「右両所、左ヲ、ヤラザ森、右ヲ、ヤヘザ森トテ、石を崇ケルナリ」とある。

(8)**石ラゴは真シラゴは**　石垣を構成する石。真は美称。*

＊『沖縄古語大辞典』六六頁参照。

(9)**織り上げ**　石を積み上げることの美しい形容。*

＊『沖縄古語大辞典』一七二頁参照。

(10)**ミシマヨネン、オクノヨネン**　ヨネンは未詳。ミシマは島のこと。*オクノは『眞珠湊《まだまみなと》碑文』のミクニに相当しているから、ノはニの誤りか。しかしこの碑文に拓本はなく、『琉球国碑文記』や『中山世鑑』などの紙資料しか残っていないため、確認する術はない。文脈から考えると祝福した要塞が「とこしえ」なることを祈念する祝詞か。

＊『沖縄古語大辞典』六三〇、六三一頁参照。

(11)**国のマテヤ**　『14　眞珠湊碑文』の注(9)参照。

(12)**ダシカの木の釘をしっかりと差され**　『14　眞珠湊碑文』の注(11)参照。

(13)**アザカとガネ**　『14　眞珠湊碑文』の注(12)参照。

(14)**マウ祓って、ミヨ祓って**　落成式における儀式をあらわしていると考えられる。

(15)**沖縄島の按司**　原文「上下」*は、首里より上方と下方の意が含まれているので、即ち沖縄島全域のこと。

＊『沖縄古語大辞典』二一三頁参照。

(16)**下司**　東恩納寛惇は按司という支配階級に対して、被支配階級をあらわしているとも考えている。*

＊『東恩納寛惇全集6　琉球人名考』四五七頁参照。

(17)**長老、坊主達**　長老は寺の住持すなわち住職を指し、坊主は修行僧を指す。

(18)**地固め**　文脈からすると地鎮祭の意か。しかし、要塞の落成後なので完成した構造物に対する仏教的な祝福の儀式なのだろうか。

(19)**敵軍が攻め寄せる**　原文「カチヨク」は不明。東恩納寛惇も伊波普猷も海賊[*]としている。

＊『古琉球』一五二頁参照。

(20)**三番の御真人**　王府の職制は丑の日番、巳の日番、酉の日番に編成されており、三交替制の出仕制度をとっていた。御真人とはその構成員の意。有事の際には、三班全ての人員を動員すること。

(21)**南風原**　現在の南風原町のこと。

(22)**島添大里**　現在の南城市大里のこと。

(23)**知念**　現在の南城市知念のこと。

(24)**佐敷**　現在の南城市佐敷のこと。

(25)**下島尻**　後の兼城、真壁、島尻大里の三間切を指すか。何れも現在の糸満市。

(26)**喜屋武**　現在の糸満市喜屋武のこと。

(27)**垣花地**　現在の那覇軍港岸壁のあたり。往事の面影はない。

(28)**ヤラザ森城に集結せよ**　この指令の後半部は『真玉湊碑文』で尚真が命じたものと同一である。前半の一つの守備隊は首里城の守備にあたり、一つの守備隊は那覇の守備にあたれとの指令は尚清が新たに発したものである。

(29)**国土を守る士気**　原文「てやちきやら」について伊波普猷はテーチカラ、要害のことだろうと述べる[*1]が、手力は軍勢の士気の意と考えた。原文「根《ね》石《いし》真《ま》石《いし》」は、ある種の霊力を秘めた石を表現していると考えられる。原文「いきよくまじ」、「くるくまじ」は東恩納寛惇に従った。[*2]「いきよく」は「動く」が口蓋化したものか。「くるく」は

kurukuru に「ものの転がる様」の意があるので、[*3]そのように訳したものか。

＊1『古琉球』一五三頁参照。

＊2『東恩納寛惇全集6　琉球人名考』一四九頁参照。

＊3『沖縄語辞典』三三九頁参照。

(30)**城間の親雲上**　浦添間切城間に地頭地を与えられた高級官人の意。

(31)**マイクサ**　マは接頭美称。名前の本体はイクサ。『蔡温本世譜』は「眞榮久佐。城間大屋子森と称す。嘉靖三十三年の屋良座森碑記にその名が見えるが、子孫はいない」とする。[*1]このマイクサを葛可昌《かつかしょう》城間親方秀信《しゅうしん》とする人もいるが、葛姓家譜[*2]によれば葛可昌の童名を松金とする。

＊1『琉球史料叢書　四』「中山世譜」九四頁参照。

＊2葛姓家譜については那覇市歴史博物館の家譜資料二―二五〇参照。

(32)**世アスタ部三人**　『14　眞珠湊碑文』の注(25)参照。

(33)**内間の親雲上**　浦添間切若しくは西原間切に地頭地を与えられた高級官人の意。『蔡温本世譜』に「子孫無し」との記述はない。ウチママトクは『蔡温本世譜』が編纂された時、子孫が存在していたことになる。

(34)**マトク**　名前の本体はトク。誰のことかわからない。

(35)**東風平の親雲上**　東風平間切に地頭地を与えられた高級官人の意。

(36)**マウシ**　名前の本体はウシ。東姓津波古家の家譜には「二世東風平親方の東元宰《とうげんさい》。童名は眞牛。名乗りは政供。号は韓相。(略)尚清王世代の嘉靖年間に、父の跡を継いで東風平間切總地頭職に任じられた。紫冠に叙された後、三司官職に任じられた。屋良座森城碑文に見える」[*]とある。

＊『那覇市史　資料篇第1巻7　家譜資料(三)首里系』四七九頁参照。

(37)**勝連の親雲上**　勝連間切に地頭地を与えられた高級官人の意。

(38)**マフト**　名前の本体はフト。翁姓永山家の家譜には「一世の国頭親方盛順。童名は思武太。唐名は翁壽祥。正徳六年辛未に生まれた。(略)尚清王世代の嘉靖三十三年甲寅に勝連間切総地頭職に任じられた。あわせて石奉行御鎖之側に任じられた。後に紫冠に叙されたが、年を経ること遠くその詳細を深く知ることはできないため、略記する」とある。*

＊『那覇市史　資料篇第1巻7家譜資料(三)首里系』六語頁参照。

(裏)

ヤラザ森城《ぐすく》の守備、及び根立樋川(39)の水の守備(40)は、三人、小禄《おろく》の親雲上(41)、儀間《ぎま》の親雲上(42)、金城《かなぐすく》の親雲上(43)がいつまでも強く、固く守備せよ。

(39)**根立樋川**　ネタテヒージャー。東恩納寛惇は『旧記』に見える落平樋川(ウティンダヒージャー)を含めた附近の流泉全部のことを指すとする。*

＊『訳注　琉球国旧記』四〇七頁参照。『東恩納寛惇全集7　南島風土記』四七一頁参照。

(40)**守備**　原文「かくこ」。通常、「格護」と漢字をあてられる。

(41)**小禄の親雲上**　小禄間切小禄村に地頭地を与えられた官人の意。誰のことかわからない。

(42)**儀間の親雲上**　小禄間切儀間村に地頭地を与えられた官人の意。麻姓田名家の家譜*には「四世儀間親雲上の眞孟。童名は小樽兼。唐名は壽達魯。長男。弘治七年に生まれた。(略)尚清王世代の(略)嘉靖三十年四月十三日に眞和地間切の儀間地頭職に任じられた。嘉靖三十一年六月中に牙浪沙森の石垣建築の造営を勤め終えたので、その銘が碑に刻まれている。(略)」とある。

＊『那覇市史　資料篇第1巻7家譜資料(三)首里系』五八二頁参照。

(43)**金城の親雲上**　小禄間切金城村に地頭地を与えられた官人の意。誰のことか分からない。

23　君誇《きみほこり》之欄干之記《らんかんのき》　尚元王七年（嘉靖四一年・一五六二）

「奉神門《ほうしんもん》の外、新《あら》たに玉《ぎょく》の欄干を造立《ぞうりゅう》す」
—第二王家は五代を経て、首里城の偉容はますます輝きを加えていく—

〈所在地〉

この碑文は石碑に刻まれているものではないが、石碑と同じく石に刻まれていたので、あわせて紹介する。この碑文は、首里城奉神門《ほうしんもん》の欄干に刻まれていた。奉神門のことを君誇《きみほこり》ともいう。奉神門とその欄干は首里城正殿とともに復元されているが、欄干に銘文は刻まれていない。漢文で刻まれていた。

〈建立の目的〉

この銘文が刻まれる前年、尚元《しょうげん》は世宗《せいそう》皇帝が派遣した冊封使《さくほうし》郭汝霖《かくじょりん》によって琉球国中山王に封じられ正式に王となった。郭は嘉靖四〇年（一五六一）五月に琉球に到着し、六月九日に故王尚清を弔い、同月二九日に尚元を中山王に封じた。同年十月九日に那覇港を出発し、一一月二日に福建に帰国した。[1] 奉神門の欄干を造営してこの銘文を刻

現在の奉神門

んだのは、尚元の冊封儀礼がつつがなく完了したことを記念したものと考えられる。これは、欄干の造営が、郭汝霖が帰国した翌年の春すなわち一月乃至三月に始まったこと、銘文に皇帝の長寿をたたえた文言があることを見ても明らかであろう。

冊封《さくほう》によって正式に王となり、いよいよ本格的に尚元の新政権が動き出した門出を祝福するとともに、父尚清の治世を引き継いだ君主を盛り立て、そして政権を構成する新たな勢力となった池城毛氏《いけぐすくもううじ》と小《お》禄馬氏《ろくばうじ》の威勢を示すための銘文であろう。

1　郭汝霖『使琉球録』二三八頁参照。

〈訳文〉

大琉球国の中山王尚元(1)は、舜天《しゅんてん》以来二十二代の王孫であらせられる。うやうやしく考えるに、聖なる王朝はあまねく［国を］統治して永久《とこしえ》なる基礎をお開きになった。

仏寺、神社を建立して、国家を導く根本を揺るぎないものとされた。国の全てにおいて民衆を苦しめる政治は無く、天下の人々はみな低い租税を喜んだ。君臣はともに平和の景色を称えている。多くの民衆は大いに喜びの心を表して述べた。

「目出度《めでた》いコヨミグサ(2)が生えたのは堯《ぎょう》の宮殿のようだ。指佞草《しねいそう》(3)の花が咲いたのは舜《しゅん》の朝廷のようだ」

そうであるから、奉神門《ほうしんもん》の外に新たに玉《ぎょく》の［ような］欄干《らんかん》を建造するのだ。

［首里の］城郭は日に日に気高さを増し、宮城《きゅうじょう》の優れている様は年々《としどし》に増している。計り知れない栄

誉は歴史にいよいよ輝き、立派な［国王の］徳は、遠いところも近いところも広く覆っている。

ああ、何と大いなることか。盛んなることか。心を込めて祝い、心を込めて祈るのだ。

大いなる壬戌《じんじゅつ》（嘉靖四一年、一五六二）の年、(4)季節は春の初めに恭しく［国王を］敬って宣言を(5)承った。大臣、官長(6)はこれを心の奥底にちりばめ、これを心に刻んで、昼と無く夜と無く朝に忙しく暮に賑やかにして欄干を造営し、秋の中旬に全て完成した。

公卿《くぎょう》、大夫《たいふ》、大臣、官長も、そして老人も子供も、男も女も、身分の高き者も低き者も、尊き者も卑しき者も、欄干を尊んで仰ぎみた。

［欄干は］優れたるを極め、美しさを極めて、見る者の目を満足させる。ああ、何と盛んであることか。

［欄干を］仰ぎみると心が満ち足りるのだ(7)。

今上皇帝の大いなるご長寿、万全を讃《たた》えて万歳をとなえた。

「天と地とは永久に尽きることはない。ご子孫の盛んなることを」

三司官　浦襲《うらおそい》大臣(8)　池城《いけぐすく》大臣(9)　沢子《たくし》大臣(10)

奉行　那古《なご》の領(11)　金《きん》之領(12)　玉那覇《たまなは》の領(13)

円覚寺の老僧洞観鑑《どうかんがん》(14)がみことのりを承り丁重に記した。

（1）**尚元**　第二尚氏王朝の第五代国王。尚清王の次男。童名は不伝。母は尚清王妃の月江。一五二八年に生まれて一五七二年に亡くなった。即位は一五五六年。神号は日始按司添《てだはじめあんじおそい》で、太陽神に出自する支配者、という程の意だろう。王妃は梅岳。

ところで、蔡温が『中山世譜』に尚元の冊封《さくほう》は嘉靖四十一年と書いて以来、史書や多くの著書に引用されているが、原田禹雄氏が既に明らかにしているとおり、尚元の冊封は嘉靖四十年である。*

＊郭汝霖『使琉球録』二頁参照。

（2）**目出度いコヨミグサ**　原文「蓂莢《めいきょう》」は、堯の治世に生えた目出度い草のこと。一日から一五日までは毎日葉を一枚生じ、一六日から三十日までは一葉を落とすとされ、暦のもととなった。

（3）**指佞草**　原文「指佞《しねい》」。堯の庭に生じた草のこと。佞人（よこしまな人）が朝廷に入ってくると、その草はその人を指し示すという。

（4）**大いなる壬戌（嘉靖四一年、一五六二）の年**　原文「大歳壬戌」。歳時のことを「太歳」ともいうので「壬戌の年」と訳した。しかし、原文において「大歳」は改行のうえ本文より一字上げて単擡頭《たんたいとう》しているので、銘文の選者が「大歳」に敬意を表していることは明らかだ。或いは前年に皇帝から冊封されたことを受けて、尚元が正式に琉球国中山王となった即位元年を「偉大な年」と表現したかったのかもしれない。後考を待つ。

（5）**宣言**　公式な決定のこと。尚元王が発した「欄干を造営せよ」とのみことのりを指す。

（6）**大臣、官長**　『新築石墻記（添継御門之北之碑文）』の注（2）参照。

（7）**仰ぎみると心が満ち足りるのだ**　原文「仰願億斯懃志」の仰願及び懃志という単語は諸橋大漢和辞典には存在しない。しかし、これでは書き下せないので仰願は仰顧の、懃志は懇志の誤りと考えた。仰顧には「仰ぎみる」、懇志には「まごころ」の意があるのでこのように訳したのだが、後考を待つ。

（8）**浦襲大臣**　『中山王府相卿伝職年譜』によれば、馬良詮浦添親方良憲のこと。* しかし馬良詮の家譜にこの時の記述はない。

＊『中山王府相卿伝職年譜　位階定』四七頁参照。

（9）**池城大臣**　『中山王府相卿伝職年譜』によれば、毛廉池城親方安棟のこと。＊

＊『中山王府相卿伝職年譜　位階定』一七頁参照。

（10）**沢子大臣**　おそらくタクシ、つまり沢岻のことだと思われるが、誰のことかわからない。三司官の就任順序から考えると穆源徳池城親方昌氏の可能性もある。

（11）**那古の領**　領とは名護間切の村に地頭地を与えられている中級官人の意であろうか。そうであれば、この人物は名護の親雲上《おおやくもい》であり、馬良詮の息子の馬世榮名護良員のことか。

（12）**金之領**　同じく金武の親雲上か。この人物は、尚元王の三男でこの時三歳の尚久王子に将来娘を嫁がせる籠氏上間親方長徹のことか。

（13）**玉那覇の領**　同じく玉那覇の親雲上か。玉那覇村は南風原間切にあるが、誰のことかわからない。

（14）**老僧洞観鑑**　原文「洞観鑑叟」。『由来記』巻十の天徳山円覚寺の項、甲乙住持事に開山以来九人目の住持として名が見える。叟は老僧の意である。

偶感雑感寸感④　三司官の系譜・尚元王の童名《わらびな》

(1)　三司官の系譜

『蔡温本世譜』によれば、尚元王即位の際の王位継承争いからこの金石文が刻まれた年まで七年が経過している。この時の三司官は馬良詮浦添親方良憲《ばりょうせんうらそえおやかたりょうけん》、毛廉池城《もうれんいけぐすく》親方安棟《あんとう》そして沢子《たくし》である。馬良詮浦添親方は尚元王の養父であり、毛龍唫新城《もうりゅうぎんあらぐすく》親方安基《あんき》の後任なので、新城親方の息子である毛廉池城親方とも同じ派閥に属していたと考えられる。何故なら尚元の義父である新城親方は尚元の王位継承の立役者だからである。

この四年後、馬良詮の息子馬世榮《ばせいえい》名護親方良員《りょういん》が三司官となる。その後馬良詮の婿である翁壽祥《おうじゅしょう》国頭《くにがみ》親方盛順《せいじゅん》も三司官となる。続いて馬世榮の義理の弟毛元龍《もうげんりゅう》国頭親方盛埋《せいり》も三司官となる。このように首里士族同士は婚姻関係によって網の目のように結合して、しばらくすると、王家を中心とした首里士族全体が一個の大きな血族集団を形成する様相を呈していく。

これら首里士族の家系の始祖は、尚真から尚清、そして尚元の治世にかけて現れているが、それは何の後ろ盾も無く突如登場するのではない。馬氏浦添良憲は尚清王に見込まれ尚元王の養父として政治的地歩を固め三司官まで上り詰めた。その後、小禄馬氏は一大士族に成長する。毛氏新城安基は三司官和氏国頭景明の娘を娶って三司官となり、生まれた娘を尚元王の夫人とした。尚寧王の後は、尚元王の夫人が産んだ尚久の子尚豊王の家系が王朝終末まで王位を継承していく。即位の際の王位継承争いで尚元王を擁立したのは前述のとおりで、この出来事がその後の池城毛氏の繁栄を築いた。

後に婚姻関係で結ばれていくこの二つの家系を中心に、護佐丸毛氏《ござまるもううじ》、翁氏《おう》、王家の分家たる向氏《しょう》の血統も交わり、またその時々の王家とも婚姻関係を結びながら、その後四百年に渡って王家を支える五大姓《ごだいせい》を形成していく。この後のほとんどの三司官はこの五大姓から輩出しているといっても過言ではない。三司官位に加えて、王妃や聞得大君の選出及び高級神女の婚姻やその地位と財産の継承も複雑に絡み合いながら、五大姓は時を超えて結びつきを強固にしながら国政を牽引してゆくことになる。

そして代々の王は、王族やその妃、夫人の一族などによって形成される血族姻族集団の中から、摂政や三司官及び王舅などを輩出することによって、政策や人事を行うための意思決定を行う政治的権力、つまり王権を維持し続けたのだろう。

(2) 尚元王の童名

『世鑑』や『世譜』は尚元の童名は不伝とするのに、『沖縄大百科事典』は「金千代兼のち鶴千代金」とする。これは喜舎場朝賢『東汀随筆続編』の「陳姓有銘家先世板金記の写」に拠っていると思われる。だが、それを現代語に訳すと内容は次のとおりである。［ ］は訳注者が付け加えた。

「宮平親雲上《おやくもい》（鶴は長命と、黄金兼は代々子孫の栄え）。首里の王の御子部《みくわべ》の金千代兼《かねちよがね》王子の御養父として、［王子の］御名《おな》付けの由緒について、嘉靖三一年四月、父が重病の時に［父宮平の］仰せのままに板に記し、葬った翌日に墓に納めた。天ツキアヂオソイガナシ（尚清王の神御名）の御子テタハヂメアジオソイガナシ（尚元王の神御名）は嘉靖七年三月五日に御誕生されたが、御病身のため御年七歳のとき御名《おな》を鶴千代金《つるちよがね》と改められた。この時、［父は］御祝物として龍紋の大御帯を二筋賜った。第七の御子は（尚清王の第七の御子尚宗賢伊江王子）同一七年八月一二日に御誕生され、［父が］金千代兼と御名を付けて差し上げた。この時、［父は伊江王子の］御養父となったので御祝物として御宝物の御長刀、鏡面、そして銀を賜った」

これによると宮平は、病弱の尚元の改名時にお祝いの大帯を賜り、その後伊江王子が誕生したとき、その養父となって王子に金千代兼と名付けた、とあるだけで尚元のもとの童名が金千代兼とは記していない。そもそも、この銘板は宮平が伊江王子金千代兼の養父となった光栄を遺言することに主眼が置かれている。尚元のもとの童名を金千代兼とするのは如何なものであろうか。

ちなみに、この宮平は先に紹介した『国王頌徳碑（かたのはなの碑）』に登場する三司官の宮平のことだろうか。先の原文の続きには、宮平は「嘉靖三一年壬子六月二日卒七八」とある。嘉靖三一年に七八歳で亡くなったのであれば、かたのはな碑が刻まれた年には六九歳で三司官として相応の年齢ではないか。

では尚元のもとの童名は何か。琉球では祖父の名前を孫世代の長子が継承する風習があった。『世鑑』において尚元の三男尚久の長男尚懐勝連王子朝利の童名を真牛金《まうしがね》としているところを見ると、尚元のもとの童名は真牛金だったのではないか。

(3)『座喜味宗家の伝統資料について』で明らかになった新里殿内の三世

面白い資料を紹介する。これは、名門毛姓《もうせい》座喜味《ざきみ》家の御子孫である山田盛善氏が、祖先が収集してきた家譜資料等を自家製本に編纂したものである。また、向姓新里殿内《しょうせいしんざとどぅんち》とは、『沖縄県姓氏家系大辞典』によれば、尚清《しょうせい》王の三男勝連《かつれん》王子朝宗《ちょうそう》を元祖とする向姓大宗家とある。二世具志頭《ぐしちゃん》按司《あじ》朝受《ちょうじゅ》、三世と四世は不詳などと記している。以下に伝統資料の一部を現代語訳した。

「尚貞《しょうてい》王世代。新里朝■の系図と家譜に云う。三世の喜屋武《きゃん》按司朝展《ちょうてん》は、父の職を継ぎ家を継承したが、しかし累代に相続してきた家の財産を失い、また後継ぎもいなかった。そこで妹の世高君《せだかきみ》按司がその身柄を引き受けて、最後まで面倒をみた。それ故、外戚の毛氏《もううじ》座喜味親《おや》方盛員《かたせいいん》は、丁重に尚氏《しょううじ》勝連王子朝宗以下の御位牌を祀る儀式を行うに至った（盛員は世高君の孫である）。時に康熙《こうき》一八年（一六七九）八月吉日、摂政大里《せっせいおおざと》王子朝亮《りょうりょう》の仰せによって、［位牌］は正統に家を相続すべき者が管理することになった。これをもって盛員の家から朝宗以下の御位牌を移し、我が家においてこれを祀ることとなったのである。

二世朝受の次女は真加戸樽《まかとたる》（朝展の妹）。世高君按司の生まれた年月は伝わっていない。向氏東風平《こちんだ》親方朝香《ちょうこう》に嫁ぎ、順治《じゅんち》一五年（一六五八）戊戌《ぼじゅつ》一一月五日に卒した。号は雪窓《せっそう》。壬寅《じんいん》■十月二四日」

以上のとおり、三世は喜屋武朝展とされている。ちなみに■は欠字である。

勝連王子（新里殿内）の系譜

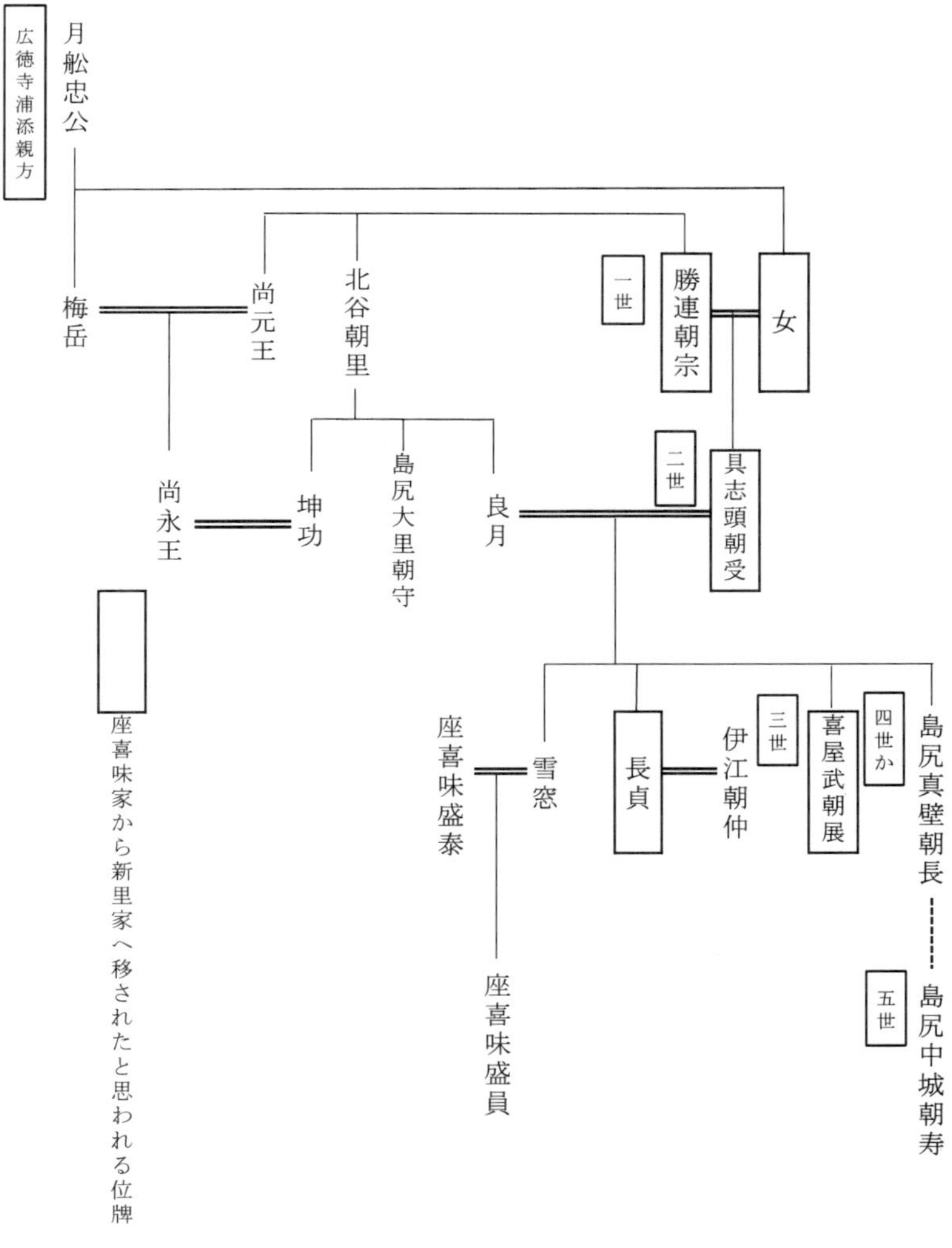

24　広徳寺《こうとくじ》浦添《うらおそい》 親方塚碑《おやかたつかひ》　尚寧王九年（萬暦二五年・一五九七）

「古廟前《こびょうまえ》に一基《いっき》之石塔婆《いしとば》を建立《こんりゅう》す」

―死者を供養する孝女子とは誰か。広徳寺浦添親方とは誰か。琉球史の深き謎―

〈所在地〉

『沖縄大百科事典』の「くわうとくしうらおそいのおやかたのつか碑」を引くと、次のように出ている。

「広徳寺浦添親方塚碑。現在の那覇市末吉町にある国頭（浦添）景明の墓に立てられた碑文。碑面は一五一×五〇cm。一五九七年（尚寧九）八月一四日の撰文。景明は尚清王代の三司官であるが、尚元王即位の際の継承争いで久米島に流罪となる。のちに宥されて浦添間切の総地頭になったが、これより広徳寺浦添親方と称された。碑を建てたのは〈孝女子〉となっているが、景明の女孫の尚元王妃ではないか、といわれる。〈おやかた（親方）〉の呼称の初見ではないかと思われる。[1]」

『金石文』にも所在地は首里末吉と記されている。[2] しかし、末吉のどこであるのか、詳らかでない。

仮名文と漢文で刻まれている。

1　『沖縄大百科事典（中）』（沖縄大百科事典刊行事務局、一九八三、沖縄タイムス社）七七頁参照。

2　『金石文』二五四頁参照。

〈建立目的〉

この碑文自らが述べているとおり、この石碑は石塔婆《いしとば》である。石塔婆とは石の卒塔婆の意である。卒塔婆とは、元々は仏の骨である仏舎利を納める塔を指したが、中世日本で発生した石塔婆即ち板碑は、死者に対する追善供養と生前に行う逆修作善などの為に建てられたとする。[1] 碑文の内容から考えると、この石碑は被葬者月船《げっせん》忠公《ちゅうこう》の追善供養のために建立された石塔婆である。広徳寺浦添親方月船忠公とは、『沖縄大百科事典』によれば国頭景明とする。[2] 国頭は和姓の始祖である和為美のことである。これらの記述は、真境名安興の説を継承した東恩納寛惇の説を採用しているのだが、その一方で、広徳寺浦添親方を尚真王の孫にあたる尚弘業のこととしている研究者もいる。[3] しかし、いずれの家譜にもそのような事は記されていない。おそらく、広徳寺浦添親方の家系は家譜編纂時にはすでに子孫が絶えていた

［広徳寺浦添親方塚碑］沖縄県立図書館蔵　CCBY4.0（一部改変）
（http://creativecommons.org/licenses/by/4.0/deed.ja）

のだろう。

1　『板碑と石塔の祈り』（千々和　到、二〇〇七、山川出版社）二三頁以降参照。
2　『沖縄大百科事典（中）』七七頁参照。
3　『沖縄のノロの研究』（宮城栄昌、一九七九、吉川弘文館）「三十三君系譜」、『沖縄の祖先祭祀』（平敷令治、一九九五、第一書房）二六一頁参照。

〈訳文〉

広徳寺《こうとくじ》浦添親方《おやかた》の塚である。

子の道を尽くす女が、うやうやしく［親を］敬って真心をあらわし、古い廟の前に一基の墓標を建立した。その理由は、先の王舅《おうきゅう》(1)である月舩忠公《げっせんちゅうこう》に献上するためなのである。

大いなる禅の修行者(2)［である月舩忠公］が、もし物事を明らかに知り、果てしない苦悩の海を渡るための救いの船にお乗りになったのであれば、静寂《せいじゃく》の悟りの岸に正しく到り、たちどころに険しきこれらの地獄、餓鬼《がき》、畜生の三道(3)を離れて、深き悟りの道場(4)に穏やかに座っておられるのである。

萬暦二十五年（一五九七）丁酉《ていゆう》の八月十四日　子の道を尽くす女が(5)丁重に申し上げる。

(1) **先の王舅**　琉球における王舅とは、琉球国王が皇帝を慶賀するために中国へ派遣する使節団長の称号のこと。
しかし、一般に王の舅とは、王の母の兄弟、王の妻の兄弟、王の妻の父という三つの意がある。

(2)**禅の修行者**　原文「大禅流《ぜんる》」。禅流とは禅の修行者、禅者を指す。禅者とは僧侶のこと。このように称される月船忠公は、単なる在家信者ではなく、禅僧であったか。

(3)**地獄、餓鬼、畜生の三道**　地獄界は死者が生前の罪悪によって苦しみを受ける場所、餓鬼界は生前の罪の報いとして常に飢渇の苦しみに悩む場所、畜生道は畜生に生まれ変わって苦しみを受ける世界のこと。

(4)**道場**　釈迦が悟りを得た場所。菩提樹の下。

(5)**子の道を尽くす女**　原文「孝女子」。『蔡温本世譜』には尚元王の妃梅岳は広徳寺浦添親方の女孫とある。[*1] 真境名安興は孝女子を尚元王妃梅岳とする。[*2] 塚田清策は浦添親方を梅岳の父とする。[*3]

＊1『琉球史料叢書　四』「中山世譜」九九頁参照。

＊2『真境名安興全集』（真境名安興、一九九三、ボーダーインク）一五六頁参照。

＊3『文字から見た沖縄文化の史的研究』一九九頁以降参照。

偶感雑感寸感⑤　広徳寺浦添親方の正体と梅岳

和為美浦添景明《わいびうらそえけいめい》や尚弘業《しょうこうぎょう》浦添朝喬《ちょうきょう》でもない王舅《おうきゅう》広徳寺浦添親方月舩忠公《げっせんちゅうこう》（以下「月舩」）とは一体誰か。そもそも景明や朝喬が王舅となった記録は無く、よって本来この二人には議論の余地もないのだ。結論から言うと、月舩は万暦二年（一五七四）に出使した馬忠叟《ばちゅうそう》であろう（ちなみに月舩は道号、忠公は戒名と考えられる）。

その理由はこうだ。一六世紀における尚真から尚寧に至る各王の治世中で、馬忠叟を除いて石碑建立年以前に王舅となった者の多くには家譜があり、その記述や号名などによって月舩でないことは明確なのである。

当該期間に限定する理由はこうだ。この石碑は月舩の追善供養の為に建立されたのだから、月舩はその年以前に世を去っているし、建立者と思しき尚元王妃梅岳の父（祖父でない理由は後述する）なので、一四八九年に出使した麻勃都《まふと》以前の王舅だと、尚元王と同年代（一五二八年生まれ）であろう梅岳の父たり得ないからだ。王舅とは冊封《さくほう》の謝恩や皇帝慶賀の為に中国に派遣される使節団長の称号であり、ある程度の年齢に達しているのが通例である。そうすると麻勃都以前の王舅は一五世紀中葉頃の生まれとなり、梅岳の生年にはすでに超高齢者か或いは物故者となっている可能性が高いので除外して良いだろう。

『沖縄百科大事典』の記述は本文のとおり、東恩納寛惇《ひがしおんなかんじゅん》を経由した真境名安興《まじきなあんこう》の説に拠っている。真境名は『容氏《ようじ》家譜《かふ》』やその引用している『球陽』を根拠として月舩は景明であるとし、東恩納は石碑が末吉の景明の墓にあると断定した。しかしこの家譜はその特異な書きぶりや『氏集』にも掲載されていないことから、近代になって専門業者によって編集されたことが窺われる。よって信憑性は低いと判断せざるを得ず、また景明の墓が末吉に在ったかについても確証は無い。

『容氏家譜』の編者が景明を月舩と考えた根拠は、『球陽』二一四条の記述「和積善（和姓家譜では景明の三男）は尚元王妃の叔父（つまり祖父は景明）」であり、『蔡温本世譜』尚元王条の記述「尚元王妃梅岳は広徳寺浦添親方の女孫」と合成して、「尚元王妃の祖父広徳寺浦添親方は景明」としたのであろう。しかし『球陽』には大きな誤りがある。和積善は王妃ではなく「夫人」の叔父である。つまり景明の孫は尚元王夫人の梅嶺であって王妃梅岳ではない。

次に『球陽』編者が三四三条で「弘治年間の王舅で三司官の浦添親方、姓名不詳、号は月舩忠公」としたのは、『球陽』編纂時の三司官であった蔡温が編纂した『蔡温本』の記述に合致するように整理したのであろう。梅岳の祖父として『蔡温本』に整合可能な王舅は、すでに子孫が絶えていた先述した弘治二年（一四八九）の王舅麻勃都が適当なのである。その他の者は子孫がいなくても祖父とするには余りにも梅岳の世代から遠すぎるか、または家譜が存在して梅岳の祖父でないことが明確となってしまうのだ。

では、蔡温はなぜ梅岳を月舩の孫としたのか。それは一八世紀初頭に編纂された『女官おそうし』に拠ったのである。ところで、毛氏座喜味家に関連する資料の系譜に、勝連王子尚楊叢の室は広徳寺浦添親方の娘との記述がある。勝連は尚元のすぐ下の弟である。これが確かなら月舩の孫とする梅岳は勝連夫人の兄弟姉妹の子であるか、或いは勝連夫妻の子となる。しかし推定できる尚元兄弟と勝連夫人の年齢や、琉球王族においてオジメイ婚が見受けられないことを考慮すると何れも適当ではない。つまり塚田清策が指摘するように梅岳は月舩の孫でなく娘であろう。『おそうし』の記述とて梅岳の死から一世紀を経たものだから、誤った口伝が記録された可能性もあろう。

次に、現在は所在不明とするこの石碑はどこにあったのか。真境名は久場政用の「石碑は末吉の西方《にし》サンモウジにあり」とのおそらくは伝聞を記している。久手堅憲夫によれば末吉集落の北方《にし》にはサンモウジという岩があったという。しかし、その付近にあった高岩は戦争で破壊されたとあるから、東恩納が景明の墓と誤認した月舩の墓も石碑も、ともに破壊され隠滅したのであろう。

これまでの考えをまとめると、月舩は一五七四年に皇帝即位慶賀の王舅となった馬忠叟であった可能性が高い。そうであれば月舩は尚永の祖父であり、僧侶かつ官僚であった。その男子は早世したか恵まれなかったが少なくとも二人の女子がいた。一人は王妃に、一人は王子夫人となった。その後の王妃の出自を考えると、月舩の室は極めて王家に近い高貴な女性であったことが予想される。しかし男子の後継者がいないため家譜は編纂されなかった。そして碑文内容から月舩の一七年忌若しくは二三年忌に石碑は建立されたと考えられる。

ちなみに、『大事典』には石碑面のサイズは一五一×五〇センチとあるが、複写した実物大の拓本で計測すると一四三×四三センチであった。計測者は碑身でなく拓本台紙の大きさを測ったようだ。

最後に月船の位牌の行方である。『王代記』には月船の位牌は、琉球国末期には松川親雲上宅に祀られていたとある。松川親雲上がどこの誰であるか不明だが、『沖縄県姓氏大辞典』によれば、尚清王の五男尚桓《しょうかん》北谷王子朝里《ちょうり》を元祖とする向氏五世大宜味按司朝知《ちょうち》の四男与古田親方朝貴《ちょうき》の子孫に松川親雲上がいる、とする。『大辞典』によれば北谷王子の家系は二世の後、男系が絶えたので北谷の女系子孫かつ梅岳の孫である聞得大君月嶺が継承した。ここで月嶺は祖母梅岳の死後、曾祖父である月船の位牌も継承したと推測してみよう。月嶺の死後、北谷家は月嶺の孫円心が大君位とともに継承した。その際も月船の位牌も継承したのであろう。そしてついに円心の死を以て梅岳の血筋も北谷家を継ぐべき者も途絶えてしまった。その後に北谷家を継承したのが円心の腹違いの弟大宜味朝知であった。梅岳を経て月嶺、円心と北谷家がおよそ百年に渡って祀ってきた月船の位牌を、その分家筋である朝知の四男朝貴が継承した可能性はあるだろう。

北谷王子（与那覇殿内）の系譜

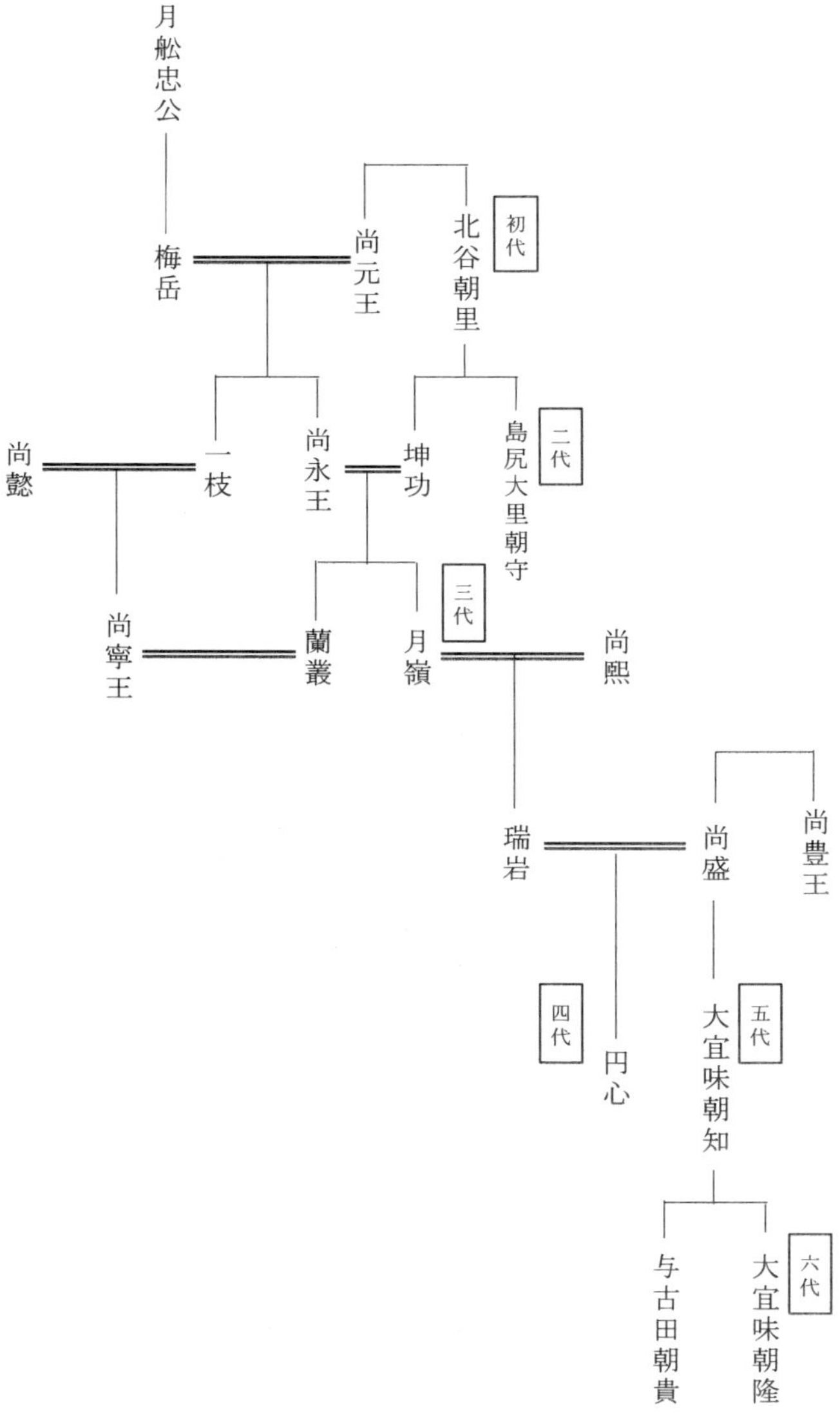

25　浦添《うらおそい》城《ぐすく》の前の碑文　尚寧王九年（萬暦二五年・一五九七）

「土水《つちみず》の深さ有るけに橋架《か》けさせ、儀保《ぎぼ》くびりまで道に石填《は》めさせて」

—浦添から首里に照り上がった王が築いた、悲劇を運ぶ道と橋—

〈所在地〉

浦添市安波茶《あはちゃ》の交差点から西原町向けに県道三八号線を進むと、左手に浦添警察署が見える。その背後の木々に覆われた小高い丘に浦添城跡があるのだが、この石碑は警察署脇の県道からでも確認できる。

一方、浦添城跡の駐車場から城内に歩を進め、緩やかな丘陵を登り切って右手にゆくと、近くは浦添警察署を真下に、遠くは首里方面まで見晴らせる場所がある。そこにこの石碑は首里を向いて建っている。表は漢字交じりの仮名文で、裏は漢文で刻まれている。

先の大戦で破壊されたが、現在地に復元されている。『金石文』によれば高さ一七五センチ、幅五三センチとなっているが、厚みは表示されていない。[1]

浦添グスク前の碑文

1　『金石文—歴史資料調査報告書V—』二一九頁参照。

〈建立の目的〉

即位後の尚寧《しょうねい》王は国内外で起こった難問に遭遇した。まず、日本の天下を掌握した豊臣秀吉が、薩摩の島津家を通して琉球を属国化しようとする圧力を露骨に強めてきたことである。[1]そして萬暦二十年(一五九二)、首里で反乱が発生した。[2]謝名《じゃな》一族の反乱の原因は判然としないが、反乱鎮圧を陣頭指揮した名門士族の御曹司が負傷するほどの激戦だったのである。[3]結果的に制圧できたものの、尚寧王の威信は大きく傷付き、そして揺らいだのではなかろうか。

このような状況の中、儀保から浦添城へ至る道路が建設されたのだが、この大事業はお膝元の首里で反乱を起こされた尚寧王の威信を回復するために実施された可能性もあろう。浦添グスクから続く道路

[浦添城の前の碑（表）] 沖縄県立図書館蔵　CCBY4.0　（一部改変）（http://creativecommons.org/licenses/by/4.0/deed.ja）

と平良橋の完成を記念したこの石碑の表は漢字交じりの仮名文で、裏は漢文で記されている。しかし、この一二年後、薩摩の軍団はこの道を駆け抜けて首里に攻め上り、国は破却され尚寧は日本へと連れ去られることになる。

1　『沖縄県姓氏家系大辞典』六〇頁参照。
2　『球陽　原文編』二〇五頁参照。
3　『豊見城村史』（豊見城村教育委員会村史編纂室編、一九九八）二七一頁参照。

〈訳文〉

（表）

首里天《しゅいてん》のみことのりにより太平橋《たいへいきょう》、平良橋《たいらばし》(1)を築造した時の碑文。

琉球国中山王の尚寧は、尊敦《そんとん》以来二十四代の王の御位をお嗣ぎになった。浦添より首里に照り上がられた(2)ので、天より王の御名《みな》を「テダガスヱアンシオソイスヱマサル王ニセ」(3)と授けられ、多くのご祝福をお受けになった。

そうであったから、首里テダガスヱアンシオソイ加那志天《がなし》(4)は、国の按司《あんじ》、下司《げす》、そして民百姓の為に広くお考えを召され、みことのりを下された。

「平良大名《たいらおおな》の平良の河原(5)では、雨が降る時は泥や土、そして水かさが深くなるので、橋を架け、そして儀保《ぎぼ》クビリ(6)までの道を石で舗装せよ」

と［のみことのりを］拝命した。

そこで三番《みばん》の親雲上《おやくもい》達《た》、里主部《さとぬしべ》、家来赤頭《げあいあくかべ》、沖縄島、離島［の人々］が揃って道と橋とを積み上げて奉ったので、萬暦二十五年（一五九七）丁酉《ひのととり》の八月十二日 己巳《つちのとみ》の日に神や仏が降臨なさり、落成式(7)の時の［お唱いになる］ミセゼル(8)で

「［神のご加護を受けた王が］平良森《たいらもり》に、押明森《おしあけ》(9)に、石ラゴを真シラゴ(10)を織り上げられ、積み上げられた。雲子橋《くもこばし》を、見物橋《みものばし》(11)をお架けになり、お渡しになった。ミシマヨネン(12)、国のマテヤ(13)をお望みになり、お造りになった」

聞得大君加那志(14)が玉《たま》浦添(15)にお出ましになった事に、王加那志はお喜びになった。［大君が］浦添御城《おぐすく》の世の頂《つじ》(16)にいらっしゃって、御城のウチホカの御イベ(17)と火の神に祝詞《のりと》を捧げられた事に、按司、下司が揃って御礼を申し上げた。

とお祈りを賜った。

また、［王が］国々の按司部《べ》、長老《ちょうろう》達《た》、アス達部《たべ》、カナ染め鉢巻(18)、坊主《ぼうず》達《た》、三番の親雲上達、里主部、家来赤頭をお呼びになり、御労《いたわ》りとして千両の金《こがね》よりも更に勝っているご褒美を賜った。

そして、浦添間切の親雲上達、里主部、家来赤頭、役人、ノロ部、島のアス達(19)、国のアム達(20)までも、老人も若人も区別なく男達、女達(21)をお呼びになり、数知れないご褒美を拝領物として賜った。御礼として沖縄の天《てに》が下《した》の按司、下司、間切の役人(22)、若人、女、童《わらべ》までもが、

「首里テダガスエアンシオソイ加那志天が、盤石の礎石のように何時(23)《いつ》までも［つつがなく］在《まし》し給う御《ご》果報《かほう》を」

と願い、［天に］お願い申し上げて夜も昼も御礼を申し上げた。

萬暦二十五年（一五九七）丁酉《ひのととり》の九月大吉日。

世アスタ部三人(24)

国頭《くにがみ》の親雲上《おおやくもい》　マ五ラ(25)

豊見城《とよみぐすく》の親雲上　マウシ(26)

名護《なご》の親雲上　マタル(27)

奉行二人

城間《ぐすくま》の親雲上　マタル(28)

河上《かわかみ》の親雲上　マタル(29)

（総注）『東恩納寛惇全集7　南島風土記』二七〇頁にこの碑文の註解が、高梨一美『沖縄の「かみんちゅ」たち』四三一頁以降に、この碑文の大意や碑文の背景、様式及び解説と語訳について詳細な考察がある。

（1）**太平橋、平良橋**　同じ橋のことである。県道一五三号線が県道二四一号線と交差する小さな十字路の奥に設置された、コンクリート造の小さな橋梁が現在の平良橋である。

（2）**尚寧は…照り上がり**　尚寧は琉球国第二尚氏王家第七代国王。尚真王の玄孫にして尚元王の外孫。一五六四年に生まれ、一六二〇年に亡くなった。即位は一五八九年。王妃は尚永王の長女蘭叢《らんそう》。浦添に本拠地を持つ第二尚氏直系の家系に生まれた尚寧が、浦添から首里へ登って即位したことを、照り上がったと表現している。

（3）**テダガスエアンシオソイスエマサル王ニセ**　『蔡温本世譜』によれば日賀末按司添と表記されている。* スエマサルは霊力が勝っていることを表しており、合わせて「太陽神の後裔である支配者、霊力優れたる王」の意であろう。

＊『琉球史料叢書　四』「中山世譜」一〇六頁参照。

(4)**天**　『14　眞珠湊碑文』の注(1)参照。

(5)**平良大名の平良の河原**　現在の安謝川のこと。読谷山間切の隣り合う湾と古堅の二つの集落を湾古堅と呼称する用法があるが、平良大名もこれと同じものであろう。

(6)**儀保クビリ**　久手堅憲夫によればクビリは括れで、道が細く狭まったところを指しているとし[*1]、東恩納寛惇によればビリはヒラすなわち坂の意で小坂の意とする。[*2] 久手堅憲夫によれば儀保クビリは、大名方面から平良橋を渡って、すぐに右折して急な坂道を登っていくと、最初の三叉路を左折する辺り。

＊1『首里の地名』二六四頁参照。

＊2『東恩納寛惇全集7　南島風土記』二五六頁参照。

(7)**落成式**　『14　眞珠湊碑文』の注(5)参照。

(8)**ミセゼル**　『14　眞珠湊碑文』の注(6)参照。

(9)**平良森に、押明森に**　首里平良あたりの森のこと。[*1] 平良《たいら》森の異称か[*2]、とする。森とは単に木々が生い茂っている場所ではなく、信仰の対象とされた御嶽のことである。

＊1『沖縄古語大辞典』四〇二頁参照。

＊2『沖縄古語大辞典』一三一頁参照。

(10)**石ラゴを真シラゴを**　橋を構成する石。真は美称[*]。

＊『沖縄古語大辞典』六六頁参照。

(11)**雲子橋を、見物橋を**　雲子は美しい、見物は見事な又は立派なの意。

(12)**ミシマヨネン**　『14　眞珠湊碑文』の注(13)参照。

(13)**国のマテヤ**　『14　眞珠湊碑文』の注(9)参照。

(14)**聞得大君加那志**　当時の聞得大君は尚元王妃であり、尚寧王の祖母である梅岳であった。真和志の聞得大君*とも称される。

　＊『琉球史料叢書　四』「中山世譜」九九頁参照。

(15)**玉浦添**　玉は浦添城を美しく形容する語か。

(16)**世の頂**　原文「世のつち」。つちとは頂上の意である。「この世の頂き」程の意。浦添城内の渡嘉敷御嶽をこのように形容しているものか。

(17)**ウチホカの御イベ、火の神**　ウチは内、ホカとは外のこと*。浦添城内外の御嶽を拝むという意味だろう。浦添城の近辺にはクバサーヌ御嶽がある。

　＊『沖縄古語大辞典』九八、五九二頁参照。

(18)**国々の按司部、長老達、アス達部、カナ染め鉢巻**　この時の国々の按司とは第二尚氏歴代王の子孫である。他姓でも馬氏が国頭間切に封じられていた。

また、長老達とは寺の住持すなわち住職達のことを指す。アス達部とは碑文に記されている三司官を指している。カナソメハチマキ*とは紫冠《しかん》のこと。まだ親方の称号は見えないが、オオヤクモイ達(黄冠)から別れて紫冠を授けられ、親方部を形成しつつあったのであろう。

　＊『沖縄古語大辞典』一九九頁参照。

(19)**島のアス達**　島とは間切に包含される村々のことで、村の長老*という程の意。

＊『沖縄古語大辞典』二一頁参照。

(20)**アム達**　百姓の妻、一般に既婚女性のこと*。ここではアス達の妻、ということ。

＊『沖縄古語大辞典』四二頁参照。

(21)**老人も若人も区別なく男達、女達**　原文「大小のヱクガ、オナゴ」。大小は、尊卑老若問わずの意。ヱクガ、オナゴは現在、転訛してイキガ、イナグと発音する。

(22)**間切の役人**　原文「オエ人」。地方役人のこと*。ここでは浦添間切の意。オヱカ人と同義か。

＊『沖縄古語大辞典』一七四頁参照。

(23)**盤石の礎石のように**　原文「根石真石《ねいしまいし》」。ある種の霊力を秘めた石を表現しているものか。

(24)**世アスタ部三人**　『14　眞珠湊碑文』の注(25)参照。

(25)**国頭の親雲上　マ五ラ**　『中山王府相卿伝職年譜』によれば、呉世濟《ごせいせい》国頭親方先次《せんじ》のこと。先次はこの二年後の一五九九年三月一日に没したと記す。呉姓川上家の二世*。マが接頭美称、名前の本体はゴラ。裏の碑文では思五郎と漢字を作る。先次は尚寧の父方のイトコにあたる。

＊『中山王府相卿伝職年譜　位階定』一八頁参照。

(26)**豊見城の親雲上　マウシ**　毛姓豊見城殿家の四世*。同家の家譜によれば毛龍文《もうりゅうぶん》豊見城親方盛章《せいしょう》のことで、童名は真牛。嘉靖二年に生まれたとするから、この年七五歳。名前の本体はウシ。裏の碑文では眞牛金と漢字を作る。盛章は前の三司官国頭盛順の女婿、そして後掲城間盛久の義兄弟にあたる。さらに後掲三司官名護良豊は婿である。

＊『豊見城村史』第九巻二七〇頁参照。

(27)**名護の親雲上　マタル**　馬姓小禄殿家の家譜によれば同家三世の馬良弼《ばりょうひつ》名護親方良豊《りょうほう》のことで、童名は太良金。嘉靖三十年に生まれたとするから、この年四七歳。名前の本体はタル。裏の碑文では太郎金と漢字を作られている。＊前の三司官名護良員の子で、前の三司官池城安棟及び三司官豊見城盛章の婿にあたる。

＊『那覇市史　資料篇第1巻7家譜資料(三)首里系』五一八頁参照。

(28)**城間の親雲上　マタル**　翁姓永山家の家譜によれば同家二世の翁寄松《おうきしょう》城間親方盛久《せいきゅう》のことで、童名は太郎金、嘉靖二一年三月二六日の生まれたとするから、この年五六歳。＊裏の碑文でも太郎金と漢字を作る。前の三司官国頭盛順の子で、この三年後豊見城盛章を継いで三司官となる。

＊『那覇市史　資料篇第1巻7家譜資料(三)首里系』六五頁参照。

(29)**河上の親雲上　マタル**　この人は誰かわからない。河上というのは羽地間切の川上村を指すと考えるのが妥当であろうから、羽地間切にゆかりのある人物である。当時、羽地間切は尚真王の長男尚維衡の孫にあたる羽地王子朝元の家系が按司地頭として継承していたので、親方地頭の毛氏は代々池城を家名としていた。或いはこの両家に関係のある人物か。

（裏）

うやうやしく陛下を思うに、今の帝王の尚寧天子《てだ》(1)は、甲子《こうし》（一五六四）の年に御誕生になった。舜天《しゅんてん》以来二十四代の王孫であらせられる。

十九の御年《おんとし》(2)、壬午《じんご》（一五八二）の年に浦添《うらそえ》を御領地として賜った。

二十五(3)［の御年］、戊子《ぼし》（一五八八）の年に浦添から御即位なさった。

そうであったから、浦添の仏塔(4)を拝み、神社(5)を敬うために、三年に一度、五年に二度、天子の馬車を向けられた。

特に、渡し場(6)の地勢が平坦ではなかったので、

「石を積み重ねて橋を建造し、岩を刻んで路《みち》を敷設せよ」

とのご命令を三司官(7)は受けた。

富［の投入］を省みず、道を固めると平《たいら》かとなった。登っていく橋の様(8)を何に例えようか。まるで虹のようである。身分の高い者も、身分の低い者も［建設作業の］勢いを失うことなく、日を要さずに［橋と路とは］完成した。

密かに考えると、［橋と路とが完成したのは］人の力を極めたのではない。これはつまり、神のご加護なのである。

たとえ国を治めるために、帝堯《ていぎょう》と帝舜《しゅん》の徳や、秦の始皇帝と漢の武帝(9)の権勢があったとしても、どうしてこれ（橋と路とを建設した事業）を凌ぐことができようか。

極めて優れ、極めて美しい出来事の全てを数えあげることはできない。橋と路《みち》とが新たに完成した後、近き島や遠き島の人々が、これ（橋と路と）を敬うことはまるで泰山《たいさん》や北斗(10)のようであった。

この［橋と路とを造営した］盛大で立派な手柄をよすがにして、国家太平の基礎は永遠の未来に達するのだ。［この石碑を建てることは］ちょうど、夏《か》の禹王《うおう》が衡《こう》山(11)の山頂に登って、碑を建てたかのように互いによく似ている。

天地は永久に尽きることはなく、国家も民衆も平穏である。心を込めて神に告げ、心を込めて幸いを祈り、長く[橋と路とを造営した功績を]称えることばを[石碑に刻んで]立てるのだ。

時に大明の萬暦二十五年（一五九七）丁酉《ていゆう》の年の秋、如意珠《にょいしゅ》(12)の日。

三司官　国頭思五郎《うみごら》　豊見城眞牛金《まうしがね》　名護太郎金《たるがね》

大奉行　城間太郎金《たるがね》

本奉行　河上太郎金

みことのりをつつしんで承った、かつての円覚《えんかく》(13)[寺の住持]の菊隠閑道人《きくいんかんどうにん》(14)が丁重に記した。

（裏）

（1）**天子**　後掲『極楽山之碑文』における「英祖之天子」は、その表に刻まれる『ようどれのひのもん』における「エソノテダ」の漢訳である。よってこのようにルビを振った。『極楽山之碑文』の注（2）参照。

（2）**一九の御年**　この情報は『蔡温本世譜』にも『王代記』にも無い。この石碑だけが唯一伝えるもので非常に貴重である。この二年後に尚寧の父、與那城王子尚懿が亡くなっている。『蔡温本世譜』の尚懿の項において「與那城を領す。但し年月は詳らかならず」とあるが、この石碑の情報から尚懿が與那城王子となったのは、尚寧が浦添王子となった萬暦十年（一五八二）のことであろうことが推測できる。

（3）**二十五**　史書における尚寧の即位元年は萬暦十七年（一五八九）である。それは前王の死去の翌年を即位元年とする決まりだからである。

（4）**仏塔**　浦添にあったとされる天徳山龍福寺のことか。

（5）**神社**　浦添城の内外にある御嶽のことか。

（6）**渡し場**　平良の河原のことか。

（7）**三司官**　原文「三官」。中国の三官は、天子に仕える大司徒、大司馬、大司空を指している。琉球では三司官のこと。

（8）**登っていく橋の様**　原文「謂何及晋橋以似虹」。このように訳したが後考を待つ。

（9）**漢の武帝**　原文「漢王」。漢の高祖劉邦を指すのか、七代皇帝武帝を指すのか、よく分からないが、一応、このように訳した。

（10）**泰山や北斗**　泰山と北斗星。中国では天子が即位すると、泰山で封禅の儀式を執り行った。北斗星と併せて、人の仰ぎ尊ぶものの例え。

（11）**衡山**　岣嶁《こうろう》とは衡山のこと。岣嶁碑とは、夏の禹王が治水の時、その功を岣嶁の山壁に刻んだという碑のこと。最古の石刻という。

（12）**如意珠**　あらゆる願望を叶える不思議な珠のこと。仏教的な意味での佳日のこと。

（13）**かつての**　原文「幻往」。往には「過去の」等の意味があり、幻には「実際にないもの」の意があるので、一応このように訳した。

（14）**閑道人**　自己の心地を了悟した人のこと。[*] 了悟とは、諸方の実相、宇宙の真理を悟ることであるとする。

＊『禅宗辞典』（山田孝道、一九七五、国書刊行会）一五〇頁参照

偶感雑感寸感⑥　特異な王家

尚元王が亡くなると尚永が即位した。続いて聞得《きこえ》大君《おおきみ》梅南《ばいなん》が亡くなると、尚元王妃梅岳が聞得大君となった。ところが、一五八八年に梅岳の長男尚永はわずか三〇歳で亡くなってしまう。尚永に男子はおらず、尚真以来の第二尚氏王家宗家は断絶した。この時、父系として最も王家に近いのは尚永の異母弟尚久《しょうきゅう》親子であった。ところが王位を継承したのは尚元の外孫ではあるが、父系では尚真の玄孫に過ぎない尚寧だった。尚元や尚清の男系子孫が多く存在しているなかでの尚寧の王位継承は、王朝交代にも等しいものであったに違いない。ここに宗家にかわって新たに尚寧の王家が出現したのである。

この継承には王の血統に加えて大君梅岳の血統が大きく作用したことを物語っている。そうでなければ王位は尚久に継承されたはずである。その後尚寧は尚永の長女蘭叢《らんそう》を娶り、王も王妃も共に尚元と梅岳の孫という濃密な血縁関係にあった。梅岳はこの二人の間に男子の誕生を期待しながら、尚元と梅岳、尚永の血統による王位継承が継続されることを企図していたことが窺われる。

尚寧は自らに男子が誕生しない場合を想定して、従弟の尚熙《しょうき》に蘭叢の妹月嶺《げつれい》を娶らせて王位継承者としたと考えられる。これは尚熙が中城王子に任じられたことから明らかである。第二尚氏王家では尚真以来、尚永や尚寧などの例外を除いて、世子は中城王子や久米中城王子に任じられるのが通例である。しかし、尚熙も尚真の玄孫に過ぎず、尚元の血統でも無いことから尚寧の王位継承者にはなり得ない。この措置は梅岳と尚寧が、尚熙と月嶺との間に男子の誕生を期待していたからであろう。尚熙が男子を得れば中継ぎの王としての即位が予定されたのであろう。こう考えると、実質的な王家の継承者は尚熙ではなく月嶺ではなかったか。

ところが一六〇五年に梅岳は亡くなり、月嶺が聞得大君となった。大君に就任すると夫婦であっても夫婦関係は遮断されるため、これ以降尚熙と月嶺の間に男子が誕生する可能性は無くなった。月嶺は当初予定されていた尚熙王妃への就任を飛び越えて大君となったのだ。

そもそも尚寧は何故、弟の尚宏を世子にしなかったのか。尚宏の家譜によると、尚寧と尚宏とは同母兄弟とされている。しかし尚寧の母である一枝は一五七〇年に亡くなっている。尚宏は一五七八年の生まれだから母は一枝ではない。つまり、尚宏は尚元王と梅岳の孫ではなく、尚真の玄孫に過ぎない尚熙と何らかわらなかったのである。

ところで一六一六年、十年間の人質の予定で尚豊が薩摩に遣わされたが、薩摩藩はその年の冬に尚豊を摂政に任命し帰国させた。「琉球関係文書」には「一六一六年二月、尚豊を嗣子として国相に兼任した」と出ており、薩摩藩は尚豊を尚寧の後継者に決定させたと考えていたことが窺える。そして、同年六月には尚寧が覚書を薩摩に提出しているが、それによれば、尚豊の摂政就任を承諾している。しかし、尚寧はこの時点においては、「この後も子孫ができなければ王位を尚豊の子に継承する」としているだけで、いまだに自らの系統の子孫へ継承することを留保していることは明らかだ。

尚寧が尚熙の次の王位継承者に選んだのは尚豊の弟尚盛《しょうせい》であった。尚盛は尚熙と月嶺の娘瑞岩を娶っていた。一六一七年に長女円心が生まれると、尚盛は翌年一月に久米中城王子に任じられ、尚熙とともに世子の扱いを受けることになった。この場合も実質的な継承者は尚盛ではなく瑞岩であろう。益々、尚元と梅岳、尚永の血を受けた女系男子に王位を継承させようとする尚寧の強い思惑が窺える。

だが、尚寧の意図とは裏腹に尚熙を一六一八年一二月に島添大里間切に転任させることになった。この決定には尚豊や薩摩藩の意向が大きく働いたのであろう。その翌年、尚熙に代わって中城王子に就任したのは他ならぬ尚豊だった。尚豊は世子となり摂政を兼ねたのだ。こうなるともはや兄を差し置いて尚盛を継承者とすることは不可能になった。程なくして尚盛と瑞岩は離別する。中継ぎの王尚熙、尚盛とその妃瑞岩、王家の正統な王、そして瑞岩を月嶺の次の聞得大君にと描いた尚寧の構想は全て水泡に帰してしまったと考えられる。

一六二〇年六月、つまり尚寧が亡くなる三ヶ月前の島津家久からの書状によれば、「王位を尚豊に継承することは目出度いことで、現在も尚豊は尚寧の後見であり国政の中心にいるのだから当然のことである、さらに尚豊であれば異論にも耐えられる」などとして尚豊の王位継承を歓迎している。当初薩摩は、尚恭か尚文を王位継承者、尚豊をその摂政に予定して覚書を徴していたが、意外にも早く尚寧の死期が訪れ王位交代の機会が巡ってきたので、幼少の尚恭に代えて尚豊を王位継承者へと変更したのであろう。

尚豊の王位継承は、尚寧の承継以上の衝撃だったのではないか。尚豊は尚寧の姪婿で、かつ母方の従兄弟ではあるが、父系では八親等も離れた三従兄弟でしかないのだ。尚豊の父尚久は尚寧の死に先立つ半年前に亡くなったが、尚元と尚豊をつなぐ存在として玉陵に葬られたのであろう。尚豊は尚元の孫という資格で即位したことになる。ここに王家は再び変更され、王位は琉球国末まで尚豊の子孫で継承された。男子の誕生を期待しながら女系で王位を繋ごうとしたと考えられる特異な王家は尚寧一代で終止符を打った。

尚寧王家の系譜

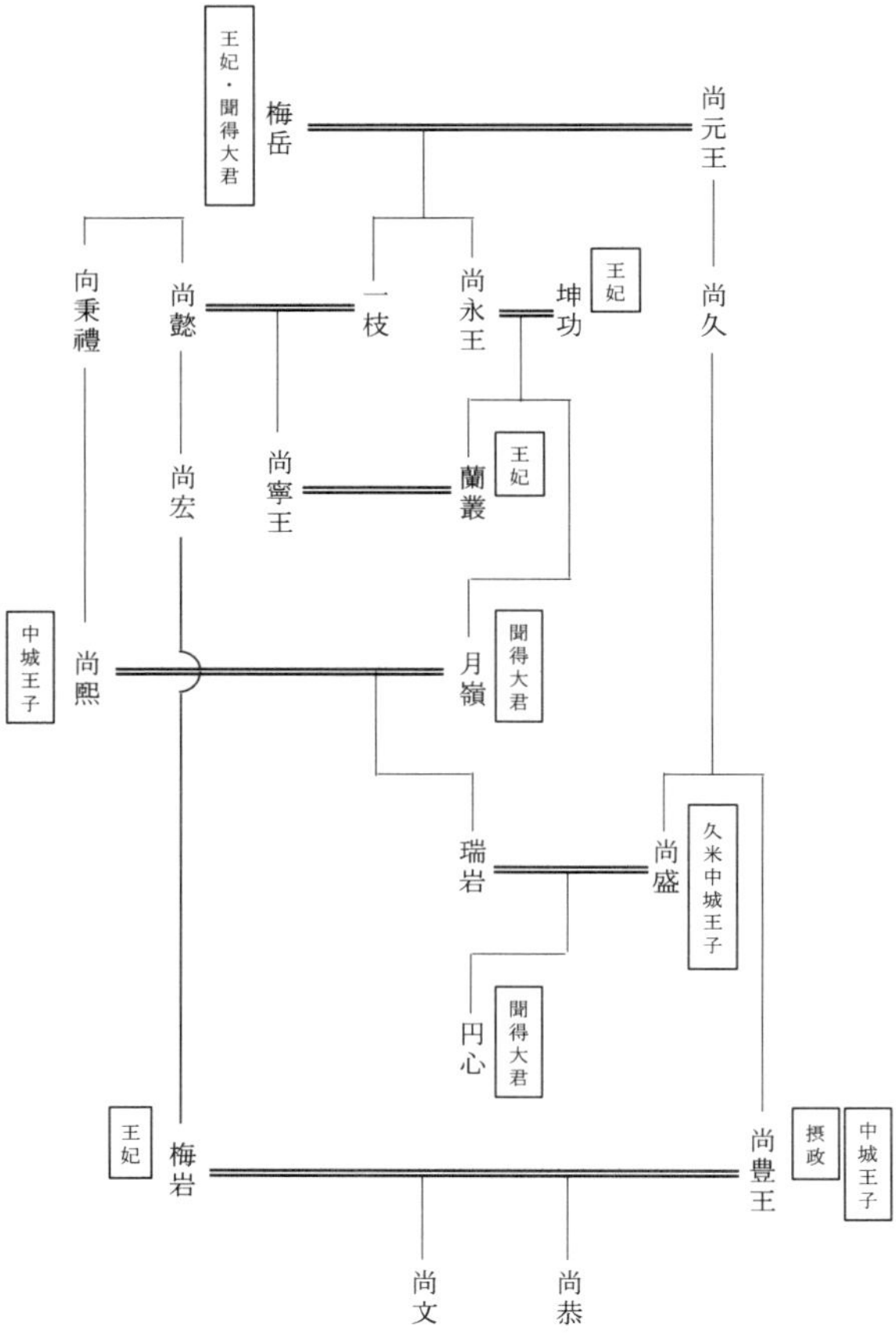

26　極楽山《ごくらくざん》の碑文　尚寧王三二年（泰昌元年・一六二〇）

「この御墓《おはか》の掃除は、浦添間切《うらそえまぎり》より盆、正月の前に清《きよ》らくがらめく可《べ》し」

―国を破られ、子孫に恵まれなかった悲運の王は、浦添の民に遺言した―

〈所在地〉

この石碑は、浦添ようどれの前に建っていた。表に「ようとれのひのもん」が漢字交じりの仮名文で、裏に「極楽山之碑文」が漢文で刻まれている。石碑は先の第二次世界大戦で破壊されたが、現在は、元の場所に復元されている。

県道一五三号線から浦添城址に向かって小さな道を進むと、左手に浦添グスクようどれ館がある。同館からさらにグスク方面に進むと、左手に浦添ようどれへの入り口が現れる。ここから木立に囲まれた狭く急な階段を下り、またやや上ると浦添ようどれの入り口である「くらしん御門《うじょう》」に辿り着く。さらに中御門をくぐるとようやく浦添ようどれである。浦添ようどれは、浦添グスクの北側の崖に彫り込まれた陵墓である。向かって右側の西室が英祖王の、左側の東室が尚寧王の家系の墓と伝わる。

浦添ようどれの東室と西室の間に石碑は立っている

［極楽山の碑］
沖縄県立博物館・美術館所蔵

東室と西室のあいだにこの石碑は立っている。

『金石文』によれば、高さ八一・五センチ、幅三六・五センチ、厚さの表記は無い。[1]

1　『金石文―歴史資料調査報告書V―』二二〇頁参照。

〈建立の目的〉

この石碑が刻まれた年は古琉球の時代には含まれない。しかし、古琉球時代に幕を下ろした島津侵攻事件の時に在位していた、尚寧王治世最後の年に刻まれたこの碑文までを掲載することにする。

その尚寧は結局一人の男子も女子も残さなかったので、造営した真新しい墓が、自らが埋葬された後は決して開かれることは無いと知っていた。そして、子孫の無い墓は侘びしく廃れていくことも予想していたのだろう。だから、盆と正月には、浦添間切の人々に墓を掃除して清潔に保て、とこの石碑で遺言しているのだ。この一文は国を破られた悲運の王に漂う孤独感をより一層深くする。事実、尚寧の子を産まなかった王妃や夫人達も当時の慣習に従って生家の墓へ埋葬されている（王妃は、生家が王家だが父尚永王が眠る玉陵ではなく、母の実家の墓に葬られた。）。極楽陵を造営してから僅か一ヶ月、九月一九日に王は亡くなり、極楽陵で永遠の眠りについた。この石碑は、尚寧王一族の墓を築いたことを記念して建立されたのである。

ところで、尚真王の長男とされているが、『たまおどんのひのもん』に名前の無かった尚維衡が玉陵に葬られていることについて、『蔡温本世譜』は「尚清王が兄尚維衡《しょういこう》に対する追慕の念を禁じ得ず浦添極楽陵から移葬した」と記す。その後、尚清の子孫が王位を継承したので玉陵は尚清直系の墓になり、他の男子と同様、尚維衡の子孫は改めて自らの家系の墓を造営したのであろう。尚寧は、この父系の流れに生まれた男子であった。尚永王の娘蘭叢《らんそう》を妃に迎えはしたが、やはり死後は玉陵ではなく父祖以来の墓に葬られる決まりだったのだ。尚寧王が他の王と異なって一人極楽陵に葬られているのは、このような理由からである。

事前の予想通り極楽陵は開かれることは無い墓となったが、その後、琉球において墓制に関する考え方に変化が起こったのか、王妃蘭叢がその死後およそ百年を経て夫尚寧が眠る極楽陵に移葬された。今も二人の霊は永遠の静寂の中で共に眠る。

〈訳文〉

（表）

ヨウドレ(1)の碑文

琉球国のテダガスエアンシオソイスヘマサル王(2)ニセ加那志《かなし》は、浦添《うらそえ》から首里に［太陽の如く］お昇りになった(3)。

そうであったので、［王は］浦添のヨウドレは［そもそも］エソノテダ(4)の御墓であった、とのお考えを召され、［この墓を］強固に美しく修造して、［王の］祖父君とお父君［の遺骨］をお迎えし給い、後々はテダガスエアンシオソイ加那志もお入りあそばしたい、と［お望みになった］。そうであるからこそ、千年も万年も名が残るのだ、と思し召してこの碑文を建立なさった。

「この御墓の掃除は、浦添間切［の人々］が、盆と正月の前に立派に勤めよ」
とのみことのりを拝命した。
世《よ》アスタ部(5)三人　池城《いけぐすく》の親雲上《おおやくもい》(6)、読谷山《よみたんざ》の親雲上、豊見城《とみすぐすく》の親雲上
総奉行《そうぶぎょう》二人　阿波根《あはごん》の親雲上、東風平《こちんだ》の親雲上
石《いし》奉行一人　玉城《たまぐすく》の親雲上
この刻銘が浅くなれば彫るべし。
萬暦四十八年（一六二〇）庚申《かのえさる》の八月吉日

（1）**ヨウドレ**　夕凪や夕方の静かな時*のこと。静寂の空間を表すか。
*『沖縄古語大辞典』七〇二頁参照。

（2）**テダガスエアンシオソイスヘマサル王**　テダガスエアンシオソイは太陽神の末裔である按司の中の按司、スヘマサル王は霊威が優れた王*の意で、あわせて「太陽神の末裔である支配者、霊威優れたる王」という意味であろう。
*『沖縄古語大辞典』三六一頁参照。

（3）**浦添から首里に…**　『向姓家譜（小禄御殿）』*などによれば、尚寧の曾祖父尚維衡《しょういこう》浦添王子朝満《ちょうまん》は尚真王と妃居仁の間に生まれた長男だったが、王位を継承できず浦添に蟄居したとする。以来この家系は浦添間切を伝領した。尚維衡の長男尚弘業《しょうこうぎょう》浦添王子朝喬《ちょうきょう》は尚懿《しょうい》与那城王子朝賢《ちょうけん》を生み、尚懿は浦添王子尚寧を生んだ。尚永王の逝去後、尚清王以来の王家からすると傍系の出自である尚寧が即位したので、「浦添より首里に照り上がった」と称されている。

＊『那覇市史　資料篇第1巻7　家譜資料(三)首里系』二〇一頁参照。

(4)**エソノテダ**　伊祖のテダすなわち伊祖の首長の意。裏面の『極楽山之碑文』によれば「英祖之天子」と漢訳されている。『極楽山之碑文』の注(2)参照。

(5)**世アスタ部**　『14　眞珠湊碑文』の注(25)参照。

(6)**池城の大やくもい**　『中山王府相卿伝職年譜』によれば池城親方と記されているが、＊碑文には池城のオオヤクモイと刻まれている。オオヤクモイは後に親雲上《おおやくもい》と漢字を作られて三司官クラスの親方《おやかた》の下位に位置付けられるが、この碑文によれば一六二〇年時点では、三司官に就任した者も親方ではなくオオヤクモイと称されていたのみならず、総奉行も石奉行の称号も全てオオヤクモイである。

＊『中山王府相卿伝職年譜　位階定』三五頁参照。

この山(1)は、琉球国第四代の世の主である英祖《えそ》の天子《てだ》(2)が創建なさった。久しく年を経たため、雨風に［晒され］荒れ果てていたので、賢明な尚寧王のみことのりを優秀な石工が承《うけたまわ》り、これを再建して日数を要することなく完了した。

そうであったから、時に萬暦四十八年(一六二〇)庚申《こうしん》の年の秋の一日(3)を択び、この山に(4)王のご祖先である一氏一族(5)［の御遺骨］をお移しして、父子、兄弟が共に眠られることになった。

［ようどれを］仰ぎみると一層高く、［険しい崖に墓穴《はかあな》を］掘ると一層堅固である。［塗りこめられた白く輝く漆喰は］黒く染めても黒くならず、(6)［墓に填められた石を］磨《みが》いても薄くならないのは、これこそ極楽山の［良い］眺めなのである。

後世の人に知らせるために、石に刻んで記す。
三司官　池城塩太郎⑦　読谷山太郎⑧　豊美城思符多⑨
大奉行　阿波根真界⑩　東風平思次郎⑪
本奉行　玉城郡主思亀⑫
時に萬暦四十八年⑬（一六二〇）庚申《こうしん》の秋の一日
福源山天王寺《ふくげんざんてんのうじ》の老僧藍玉《らんぎょく》⑭が記した。

（裏）

（1）**この山**　極楽山すなわち浦添ヨウドレの墓域を指す。

（2）**英祖の天子**　エソノテダの漢訳。この碑文と先に掲げた碑文とによれば、浦添ヨウドレという墓域はそもそも「ゑそのてた」という人物の墓であった。「てた」は太陽の意だが、ここでは按司や王、つまり支配者を意味している。*よって「ゑそのてた」とは「ゑそ」即ち伊祖地域の支配者の意である。
表面の『ようとれのひのもん』の「ゑそのてた」に対応するのは、裏面の『極楽山之碑文』では「英祖之天子」である。つまり、「英祖之天子」も「ゑそのてた」と読むことがわかる。

*『沖縄古語大辞典』四四〇頁参照。

（3）**一日**　原文「正日」。正日には正月一日という意と、臨終と同じ月日という意がある。ここでは、尚寧の父与那城王子尚懿の正日である三月二三日（萬暦一二年）、祖父浦添王子尚弘業の正日である四月二十日（萬暦四年）のいずれにも該当しないので、単にある日を指して正日と記していると考えた。

(4)**この山**　塚田清策の著書においては「北山」とされている。[*] しかし、底本やその他の本においては「此山」となっている。

＊『琉球國碑文記の定本作成の研究』一二〇頁参照。

(5)**ご祖先である一氏一族**　『向姓家譜（小禄御殿）』によれば、極楽陵には、尚寧の祖父尚弘業浦添王子朝喬と尚弘業の四男向秉禮勝連按司朝久が埋葬されていることが確認できる。[*1] また、『蔡温本世譜』によれば、尚弘業の長男で尚寧の父尚懿与那城王子朝賢が極楽陵に葬られたと記されている。[*2] だが家譜及び『蔡温本世譜』の成立は、この石碑の建立より後世のことである。一六二〇年の時点で、尚寧の祖父尚弘業の死から四五年、父尚懿の死から三七年が経過しており、その年に親子兄弟の遺骨が同じく浦添ヨウドレに移葬された、と記されていることからすると、それ以前は尚寧王一族の墓は別の場所に存在していたのだろうか。

＊1『那覇市史　資料篇第1巻7　家譜資料（三）首里系』二〇二、二一七頁参照。

＊2『琉球史料叢書　四』「中山世譜」二九六頁参照。

(6)**黒く染めても黒くならず**　原文「涅不緇」の典拠は『論語』陽貨の「子曰然、有是言也。不曰堅乎、磨而不磷。不曰白乎、涅而不緇」。先の大戦で破壊されたヨウドレは、復元されて琉球石灰岩と漆喰の白さが目にまぶしい。尚寧王が改修したときも、現在と同じく白く輝いていたので、『論語』を借りてその白さと堅牢さとを表現したのであろう。

(7)**池城塩太郎**　イケグスクシオタル。法政大学沖縄文化研究所『中山王府相卿伝職年譜』によれば、新城安基を始祖とする毛姓池城家の三世、毛鳳儀《もうほうぎ》池城《いけぐすく》親方安頼《あんらい》のこと。[*1] この碑文により童名はシオタルであることがわかる。同家の家譜については、那覇市歴史博物館の資料参照。[*2]

＊1『中山王府相卿伝職年譜　位階定』三五頁参照。

＊2那覇市歴史博物館の家譜資料九の一〇〇一参照。

(8)**読谷山太郎**　ヨミタンザタル。前項と同様、毛鳳朝《もうほうちょう》読谷山《よみたんざ》親方盛韶《せいしょう》のこと。[＊1]『沖縄県姓氏大辞典』によれば、護佐丸の三男毛麟章《もうりんしょう》豊見城《とみぐすく》親方盛親《せいしん》の三男阿波根《あはごん》親方盛秀《せいしゅう》を系祖とする毛氏富川家の五世。[＊2]この碑文により童名はタルであるであることがわかる。

＊1『中山王府相卿伝職年譜　位階定』二一頁参照。

＊2『沖縄県姓氏家系大辞典』五一五頁参照。

(9)**豊美城思符多**　トミグスクウミフタ。前項と同様、毛継祖《もうけいそ》豊見城親方盛続《せいぞく》のこと。毛姓豊見城家の家譜は「護佐丸を始祖とする毛氏の五世。童名は思武太、嘉靖三九年(一五六〇)に誕生、萬暦四二年(一六一四)に三司官に任じられた」などと記す。[＊]碑文の思符多と家譜の思武太はともに童名ウミフタに漢字を作ったもの。

＊『豊見城村史』第九巻二七一頁参照。

(10)**阿波根真界**　アハゴンマサカイ。阿榜琨《あぼうこん》中城親方守賢《しゅけん》のこと。阿姓前川家の家譜は「六世中城親方守賢。童名は真境。号は仁峻。萬暦三年(一五七五)に誕生した。(略)泰昌元年に浦添極楽山陵の補修にあたり大奉行を勤めた(細詳は碑文記に見える)」などと記す。[＊]この碑文の真界と家譜の真境はともに童名マサカイに漢字を作ったもの。マは接頭美称で名前の本体はサカイ。

＊『那覇市史　資料篇第1巻7　家譜資料(三)首里系』四頁参照。

(11)**東風平思次郎**　コチンダウミジラ。毛氏座喜味家の関係資料によると向氏《しょうし》東風平《こちんだ》親方朝香《ちょうこう》のこと。この碑文により童名はウミジラであることがわかる。ウミは接頭美称で名前の本体はジラ。東風平朝香の家譜は明らかになっていないが、尚真の三男今帰仁王子尚韶威の流れを汲む中城親方朝芳の長男で、著名な玉城朝薫の本家筋にあたる。朝香は尚寧王妃蘭叢や聞得大君月嶺の母方の伯母良月の夫である。

(12) **玉城郡主思亀**　タマグスク郡主ウミカメ。向姓高嶺家の家譜の序によると、尚恭《しょうきょう》浦添王子朝良《ちょうりょう》(童名真三良金マサブロガネ)は萬暦四六年(一六一八)正月一五日に尚寧王から玉城間切総地頭職を賜った、とあり同職には同四八年(一六二〇)一二月十日に浦添間切総地頭職を賜るまで在任しているので*、この碑文が刻まれた時、尚恭王子は玉城間切総地頭職にあったことになる。とすると、この玉城郡主思亀の郡主とは親方クラスの総地頭職の漢訳ということになる。しかし、思亀は誰のことかわからない。

*『那覇市史　資料篇第1巻7　家譜資料(三)首里系』三六四頁参照。

(13) **萬暦四十八年**　萬暦年間は四七年で終わる。この年は泰昌元年。当時の進貢は五年に一回で、前回は萬暦四五年に使節が派遣されているので、琉球には萬暦帝崩御の情報は伝わっていない。

(14) **福源山天王寺の老僧藍玉**　『由来記』巻十の諸寺旧記、天徳山円覚寺と福源山天王寺の項に、それぞれ住持として藍玉《らんきょく》和尚《おしょう》の名が見える。この人は翁氏始祖の翁寿祥《おうじゅしょう》国頭親方盛順《せいじゅん》の次男である*。家譜には「藍玉長老は童名眞三良。春蘆長老にしたがって出家す。崇禎三年(一六三〇)二月十四日卒」などと出ている。

*『那覇市史　資料篇第1巻7　家譜資料(三)首里系』六五頁参照。

偶感雑感寸感⑦　琉球の王権神話の変遷

(1) 英祖とゑそのてだ

この碑文を遡ることおよそ百年前の一五二二年の尚真王代に建てられた国王頌徳碑《こくおうしょうとくひ》には、「昔年舜天英祖察度三代」と記されていることは先に紹介した。一六二〇年の尚寧王の王府は、「ゑそのてだ」に「英祖之天子」と漢字を作ったのだから、国王頌徳碑に記された英祖という人物と、「ゑそのてだ」とを同一視したのであろう。

(2) 天子とテダ

では、何故テダに天子《てんし》と漢字を作ったのか。そもそも天子とは何か。天子とは、中国においては万物を支配する神である天、つまり天帝《てんてい》の子の意である。中国には、天下を治める支配者は天命を受けた天帝の子すなわち天子である、という思想がある。天子とは地上を支配する君主である皇帝のことである。一方、琉球の支配者は太陽神と同一視されテダと称された。支配者という点において、天子とテダは同義である。一六二〇年にこの碑文を刻んだ藍玉《らんぎょく》和尚は、琉球における支配者の称号「テダ」を、中国の支配者の称号である「天子」と漢訳したのであろう。

(3) 『中山世鑑』に描かれた英祖王

一六五〇年に『中山世鑑《ちゅうざんせいかん》』を編纂した向象賢《しょうぞうけん》が英祖王紀を記述するにあたり、この碑文を参考していることは間違いない。尚永王の神号からも明かなとおり、英祖は太陽神の子孫を自認する第二尚氏の祖先と観念されていた。そこで、向象賢は碑文中の「英祖」を天帝の子である天孫氏の血脈を受けた中山王と描いた。続けて、その母が上帝すなわち万物の創造主たる天帝の夢を見て英祖を生んだと語ったのだが、天帝の子孫と描いた英祖を、何故わざわざ重ねて天帝の子とする必要があったのか。それは、この石碑において英祖がどうして「英祖之天子」と記されているのか、という由来譚を語るためであろう。すなわち、後の人々が天子と漢字を作って奉ったのは英祖が天帝の子であったからなのだ、と記述するためであったと考えられる。それだから、『世鑑』では英祖の母は天孫氏の子孫である恵祖の世主の娘と描く必要があったのだ。向象賢は三〇年前に藍玉がテダを天子と漢訳した理由を、天帝を利用して上手に説明したのである。『世鑑』においては、英祖は天帝の嫡孫である天孫氏の子孫にして、天帝の子である天子《てだ》であった。

(4) 第二尚氏の祖先と観念された英祖王

向象賢が英祖を天孫氏の子孫と位置づけることに、これ程こだわった理由は何か。それは『世鑑』で描いた始原の世界にある。『世鑑』は、天帝の子として降臨した男女二神から生まれた長男は国の主となり天孫氏を名乗ったと記す。その長い統治の後に天孫氏が滅んで初代の中山王となったのは舜天だった。しかし、舜天の父は源為朝だが母は大里按司の妹なので、舜天は男女二神の次男（諸侯即ち按司）の子孫である。英祖王朝を継いだ察度の母は天女だが父親は農民なので、察度は二神の三男（農民）の子孫である。察度王朝を継いだ尚巴志は父思紹を継承したのだから、尚巴志も二神の次男の子孫である。何れも天孫氏の子孫ではない。一人英祖のみを天帝から国を統治する国の主たることを認められた天孫氏の子孫と描いた。それは、天帝の孫である天孫氏の子孫を自認し、琉球を統治する正統性を主張するために、第二尚氏の祖先と観念された英祖も必ず天孫氏の子孫でなければならなかったからである。だから、『世鑑』では天帝、男女二神、天孫氏、英祖及び第二尚氏が一系につながっているのだ。

(5) 日光感性説話と王権神話の変質

一方、一七〇一年に『中山世譜《ちゅうざんせいふ》』を編纂した蔡鐸《さいたく》は、英祖王の神名《しんめい》を英祖日子と記している。支配者テダの漢訳である天子を、テダが太陽を指す琉球的な意味を込めて日子に書き換えたと考えられる。『蔡鐸本世譜』の原文には日子にテダとルビが振られている訳ではない。しかし、そもそもテダを天子と漢訳し、それを日子に変更したのだからテダと読ませようとしたと解釈するのが妥当であろう。そして、向象賢が天子《てだ》という単語の由来譚として語った箇所は、上帝を日輪へと書き換え、母が日輪の夢を見て英祖を産んだので、後の人から日之子《てだのこ》と称された、と記述した。ここに至り、英祖は太陽の子になった。英祖の誕生を日光に感じて子を身籠もるというういわゆる日光感精説話に仕立てたのは蔡鐸である。しかし、太陽の子としてのタイトルを付与された反面、英祖が失ったものもあった。それは向象賢が、英祖を天帝の孫である天孫氏の血を引くと位置づけるために、恵祖の世主の娘と語った英祖の母を、蔡鐸が世主の妻と書き換えたことによって、天孫氏の子孫というタイトルを失い単に太陽の子になってしまった。これにより、第二尚氏は天孫氏の子孫ではない英祖を祖先とすることになり、『世鑑』に描かれた王権神話に支持された琉球を統治する正統性も失ったことになる。蔡鐸が『世鑑』を漢訳して『蔡鐸本世譜』を編纂する際、その合理的な解釈と整理により、琉球の王権神話は全く異質なものへと大きく変容してしまったと考えられる。

(6) 太陽の子になった英祖

一七二五年に『中山世譜』に大改訂を加えた蔡温は、英祖の誕生について美辞麗句をまとわせ更に劇的に描いている。蔡温も英祖王の神号を英祖日子《えそのてだ》と記し、人々からの称号については父蔡鐸の記述に、向象賢の「天」の文字を復活させ「天日之子」と記して、テダの子と読ませようとしたのだろう。天日は漢文においても太陽、日輪の意である。『世鑑』や『蔡鐸本世譜』と異なり、『蔡温本世譜』は編纂後も琉球国末まで書き継がれていくので、英祖は天帝の子ではなく太陽の子であることが確定したことになる。その後、一七四五年に編纂された『球陽』は蔡温の記述を全く引いている。

(7) テダコとテダ

最後に、現在巷間《こうかん》で英祖が称されているテダコとは何か。『おもろさうし』において「しゅりおわるてだこ」とあるのは、「首里にいらっしゃる日神の如きお方」という意味で王を指す。「こ」は尊い人の敬称であって子供の「子」の意ではない。ところが、英祖の神号とされる英祖《ゑその》日子《てだ》が、いつしか漢字に引かれてヱソノテダコと読まれるようになり、人口に膾炙《かいしゃ》するようになったのだろう。これはおそらく伊波普猷が明治四四年に発行した『古琉球』において、日子にテダコとルビを振ったことに端を発している、と考えられる。その後、東恩納寛惇も大正一四年に発行した『琉球人名考』所収の「王の神号」において、日子にTidakuと読みを付している。そして現在は誰疑うことなく、伊祖に出自する英祖は太陽の子という意味でテダコと称されている。しかし、縷々述べたように琉球の歴史書において英祖は天日之子《てだのこ》ではあるが日子《てだこ》ではない。

『中山世鑑』の王権神話と系譜

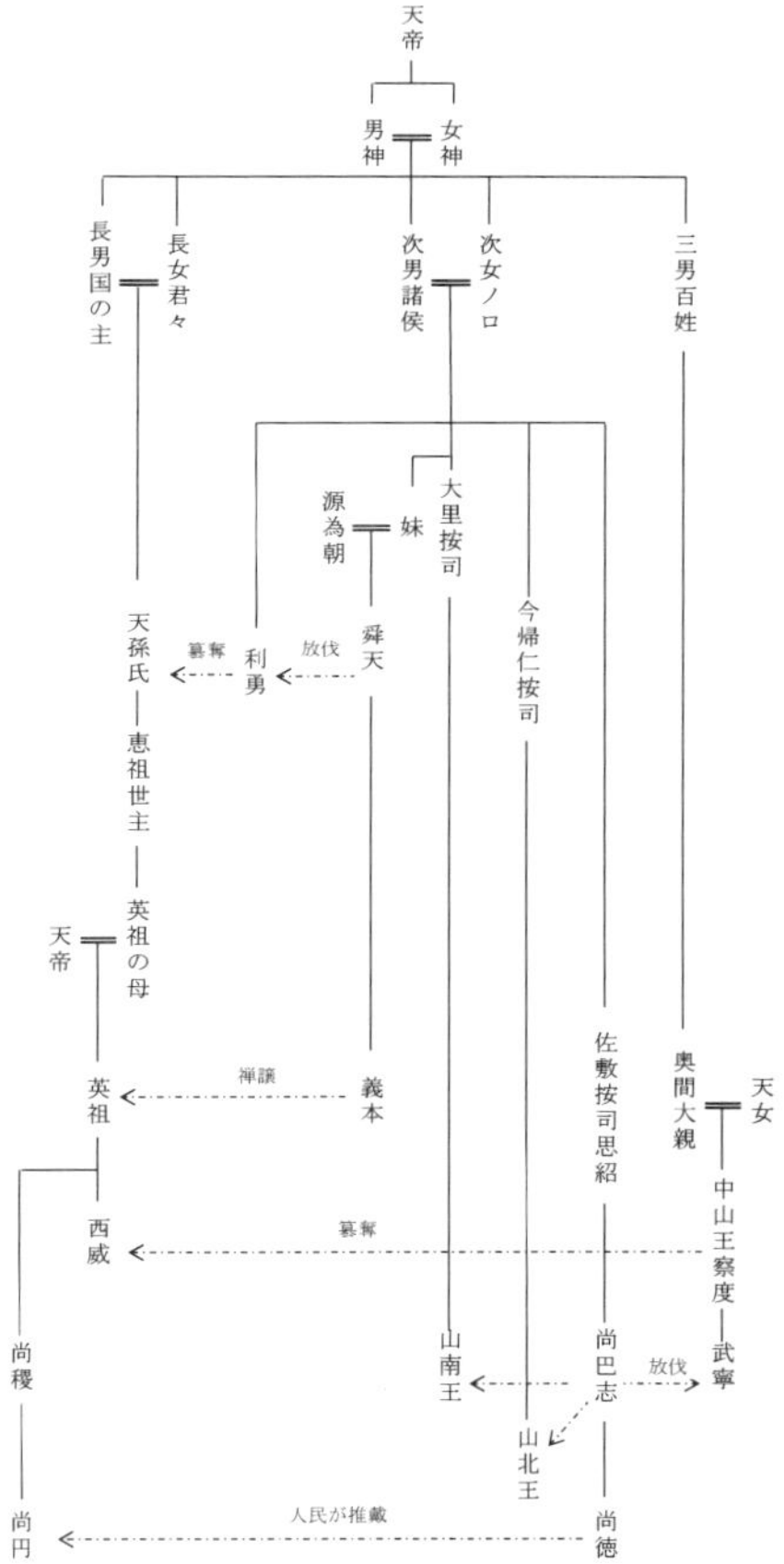

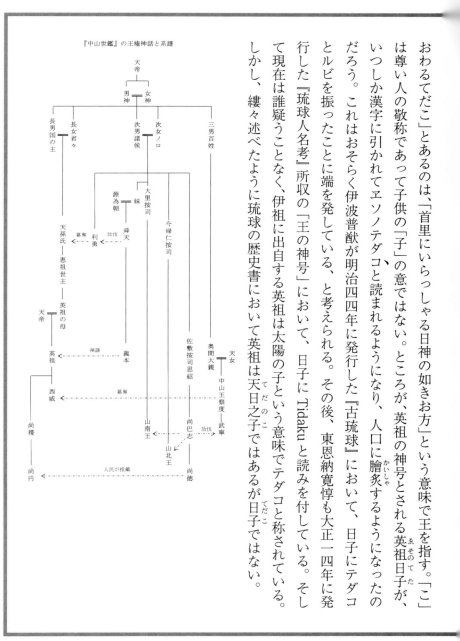

【参考図書等】

底本

『金石文—歴史資料調査報告書Ⅴ—』（沖縄県教育委員会編、一九八五）

底本以外のテキスト

『文字から見た沖縄文化の史的研究』（塚田清策、一九六八、錦正社）
『琉球國碑文記の定本作成の研究』（塚田清策、一九七〇、学術出版会）
『琉球国碑文記　別巻第一巻　東恩納本（甲）』（塚田清策、学術出版会、一九七〇年）
『琉球国碑文記　別巻第二巻　東恩納本（乙）』（塚田清策、学術出版会、一九七〇年）

琉球の史書

『琉球史料叢書』全五巻　「琉球国由来記」「琉球国旧記」「中山世譜」「中山世鑑」（横山重編、一九七二、東京美術）
『球陽』（原文編・書き下し編）（球陽研究會編、一九七四、角川書店）
『重新校正　中山世鑑』（沖縄県教育庁文化課、一九八三）
『蔡鐸本　中山世譜』（原田禹雄訳注、一九九八、榕樹書林）
『訳注中山世鑑』（諸見友重訳注、二〇一一、榕樹書林）
『訳注　琉球国旧記』（原田禹雄訳注、二〇〇五、榕樹書林）

中国等との通交

『歴代宝案　訳注本』第一冊〜第一五冊　（（財）沖縄県文化振興会編、和田久徳他訳注、一九九四）
『『明実録』の琉球史料』（一）〜（三）　（（財）沖縄県文化振興会、和田久徳、池谷望子、内田晶子、高瀬恭子訳注、二〇〇一〜二〇〇三）
『朝鮮王朝実録琉球史料集成【訳注篇】』（池谷望子、内田晶子、高瀬恭子、二〇〇五、榕樹書林）

その他の琉球史料

『辞令書等古文書調査報告書』（沖縄教育委員会編、一九七九）
『女官おさうし』（『神道大系神社編五十二沖縄』（神道大系編纂会、一九八三））
『中山王府相卿伝職年譜　位階定』（法政大学沖縄文化研究所編、一九八六）
『おもろさうし』（外間守善校注、二〇〇〇、岩波文庫）
沖縄研究資料17『琉球往復文書及関連資料（二）』（法政大学沖縄文化研究所、二〇〇〇）
『琉球神道記』（原田禹雄訳注、二〇〇一、榕樹書林）
『喜安日記』（池宮正治解説、二〇〇九、榕樹書林）

使琉球録等中国の史料

『明代琉球資料集成』(原田禹雄訳注、二〇〇四、榕樹書林)

陳侃『使琉球録』改訳新版(原田禹雄訳注、二〇一一、榕樹書林)

郭汝霖『使琉球録』(原田禹雄訳注、二〇〇〇、榕樹書林)

蕭崇業『使琉球録』(原田禹雄訳注、二〇一一、榕樹書林)

夏子陽『使琉球録』(原田禹雄訳注、二〇〇一、榕樹書林)

張学礼『使琉球紀・中山紀略』(原田禹雄訳注、一九九八、榕樹書林)

汪楫『冊封琉球使録三篇―中山沿革志・使琉球雑録・冊封疏鈔―』(原田禹雄訳注、一九九七、榕樹書林)

徐葆光『中山伝信録』(原田禹雄訳注、一九九九、榕樹書林)

家譜史料

『氏集』(那覇市史編纂室編、一九七六)

『那覇市史　資料篇第1巻6　家譜資料(二)久米系』(那覇市企画部市史編集室編集、一九八〇)

『那覇市史　資料篇第1巻7　家譜資料(三)首里系』(那覇市企画部市史編集室編集、一九八二)

『那覇市史　資料篇第1巻8　家譜資料(四)那覇・泊系』(那覇市企画部市史編集室編集、一九八三)

『豊見城村史』(豊見城村教育委員会村史編纂室編、一九九八)

『王代記』　琉球大学付属図書館ホームページのデジタルギャラリー『伊波普猷文庫』
(http://manwe・lib・u-ryukyu・ac・jp/library/okishi/)

那覇市歴史博物館デジタルミュージアム『家譜資料』
（http://www・rekishi-archive・city・naha・okinawa・jp/digital-museum）

写真資料

『沖縄文化の遺宝』（鎌倉芳太郎、一九八二、岩波書店）
『写真集　首里城』（首里城復元期成会那覇出版編集部編、一九九二）
『尚家継承琉球王朝文化遺産展図録』（琉球新報社編、一九九三）
『写真集　懐かしき沖縄』（野々村孝男編著、二〇〇〇、琉球新報社）

地図史料

『那覇市歴史地図：文化遺産悉皆調査報告書』（那覇市教育委員会、一九八六）
『首里古地図』（沖縄県教育委員会編「琉球国絵図史料集　第３集」、榕樹書林）
『琉球国絵図史料集』第一集正保、第二集元禄、第三集天保（沖縄県教育委員会編）

研究者の著作

『伊波普猷全集』全11巻（平凡社、一九七二）
『琉球王代記』（琉球史料研究会編、一九七三）
『巫女の文化』（倉塚曄子、一九七九、平凡社）

『東恩納寛惇全集』全10巻（琉球新報社編、一九七九、第一書房）
『沖縄のノロの研究』（宮城栄昌、一九七九、吉川弘文館）
『琉球王国史の課題』（高良倉吉、一九八九、ひるぎ社）
『新琉球史　古琉球編』（琉球新報社編、一九九一、新報出版）
『沖縄近世史の諸相』（田名真之、一九九二、ひるぎ社）
『真境名安興全集』（真境名安興、一九九三、琉球新報社）
喜舎場朝賢『東汀随筆続編』（比嘉春潮文庫、一九九四、沖縄県立図書館）
『琉球の王権と神話』（末次智、一九九五、第一書房）
『沖縄の祖先祭祀』（平敷令治、一九九五、第一書房）
『日本の神々　第一三巻』（谷川健一、二〇〇〇年、白水社）
『首里の地名―その由来と縁起―』（久手堅憲夫、二〇〇〇、第一書房）
『古琉球』（伊波普猷、外間守善校訂、二〇〇〇、岩波書店）
『冊封使録から見た琉球』（原田禹雄、二〇〇〇、榕樹書林）
『琉球を守護する神』（原田禹雄、二〇〇三、榕樹書林）
『板碑と石塔の祈り』（千々和　到、二〇〇七、山川出版社）
『沖縄の「かみんちゅ」たち』（高梨一美、二〇〇九、岩田書院）
『漢文法基礎　本当にわかる漢文入門』（加地伸行、二〇一〇、講談社）
『海の王国・琉球』（上里隆史、二〇一二、洋泉社）

『鎌倉芳太郎資料集（ノート篇Ⅲ）歴史・文学』（沖縄県立芸術大学附属研究所編、二〇一五）

調査報告書類

沖縄県立埋蔵文化財センター調査報告書第48集『真珠道跡』—首里城跡真珠道地区発掘調査報告書（Ⅲ）—（沖縄県立埋蔵文化財センター、二〇〇八）

沖縄県立埋蔵文化財センター調査報告書第51集『首里城跡・真珠道跡』—首里城跡守礼門東側地区・真珠道跡起点及び周辺地区発掘調査報告書—（沖縄県立埋蔵文化財センター、二〇〇九）

辞典類

『五體字類』（法書会編、一九一六、西東書房）

『大漢和辞典』（諸橋轍次、一九五五、大修館書店）

『仏教大辞彙』（龍谷大学編、一九七三、冨山房）

『禅宗辞典』（山田孝道、一九七五、国書刊行会）

『禅宗院号・道号・戒名辞典』（慧岳曲水編、一九八九、国書刊行会）

『沖縄大百科事典』（沖縄大百科事典刊行事務局、一九八三、沖縄タイムス社）

『沖縄県姓氏家系大辞典』（沖縄県姓氏家系大辞典編纂委員会、一九九二、角川書店）

『沖縄古語大辞典』（沖縄古語大辞典編集委員会編、一九九五、沖縄タイムス角川書店社）

『沖縄語辞典』（国立国語研究所、二〇〇一）

頻出史料解説

中山世鑑

『中山世鑑』は向象賢によって一六五〇年に編纂された琉球王朝最初の歴史書。漢文、琉球文混じりの和文で記されている。詳しくは『訳注中山世鑑』（諸見友重訳注、二〇一一、榕樹書林）二一五頁以降参照。

蔡鐸本中山世譜

『蔡鐸本中山世譜』は蔡鐸によって一七〇一年に編纂が始まった二番目の歴史書。おおむね世鑑を漢訳しているが、新しい記事もある。現代語訳注に『蔡鐸本中山世譜』（原田禹雄訳注、一九九八、榕樹書林）がある。

蔡温本中山世譜

『蔡温本世譜』は蔡温によって一七二五年に編纂が始まった琉球王朝の歴史書。蔡温は父蔡鐸が編纂した『蔡鐸本世譜』を、尚貞王の冊封使汪楫が編纂した琉球の歴史書『中山沿革志』を参照して大改訂した。その汪楫は『明実録』を参考して『中山沿革志』を書き上げているので、『蔡温本世譜』は間接的に『明実録』の記録に従っていることになる。結局『蔡温本世譜』の編纂年以降の出来事は仕次《しつぎ》、即ち加筆され続けて、琉球王朝の歴史書となった。詳しくは『琉球史料叢書　五』「中山世鑑・中山世譜及び球陽」参照。

『蔡温本世譜』は、中国でいうところの紀（帝王の伝記）、伝（主要人物の伝記）、志（地理や天文などを記した）という正史の概念のうち、紀にあたると考えられる。

球陽

『球陽』は鄭秉哲《ていへいてつ》らによって一七四五年に編纂が始まった琉球王朝の歴史書。『蔡温本世譜』を参照しながら、各家の家譜や琉球各地で起こった事柄などが広く記されている。編纂年以降の出来事は琉球王朝終末まで仕次《しつぎ》、即ち加筆が続けられた。詳しくは『球陽　原文編』（球陽研究會編、一九七四、角川書店）一九頁以降参照。同書巻頭の「解説」は、琉球の歴史に興味を持つ者にとって、ほぼ全ての基礎的な知識が得られるよう基本情報が網羅されているので、是非一読をお奨めしたい。

『球陽』は、中国でいうところの紀、伝、志という正史の概念のうち、伝と志とにあたると考えられる。

琉球国由来記

『琉球国由来記』とは一七一三年に琉球王府によって編纂された琉球の地誌である。漢文混じりの和文で記されている。『琉球国由来記』の原文は『琉球史料叢書』第一巻、第二巻参照。

琉球国旧記

『琉球国旧記』は一七一三年に編纂された『琉球国由来記』を一七三一年に漢文に改めた琉球の地誌である。『琉球国旧記』の原文として『琉球史料叢書』第三巻（横山重編、一九七二、東京美術）がある。また、現代語訳として『訳注琉球国旧記』（原田禹雄訳注、二〇〇五、榕樹書林）がある。

歴代宝案

『歴代宝案』は琉球国と中国王朝を中心とした国々との外交文書集。詳しくは『歴代宝案　訳注本第二冊』の「『歴代宝案』訳注本第二冊の刊行に際して」参照。『歴代宝案』訳注本は一九九四年から二〇二二年までに全15巻で刊行、完結している。琉球の第一級の外交資料として活用が期待されている。

明実録

『明実録』とは明の歴代皇帝の実録のことである。実録とは皇帝一代を記した歴史のこと。詳しくは『明実録』の琉球史料(一)〜(三)』(（財）沖縄県文化振興会、和田久徳、池谷望子、内田晶子、高瀬恭子訳注、二〇〇一）一頁以降参照。

陳侃使琉球録

陳侃は尚清王の冊封使。初の冊封使録として知られる『使琉球録』を著した。明代の冊封使録から『中山伝信録』の前、即ち汪楫使録までの使録のベースとなった。現代語訳注に陳侃『使琉球録』改訳新版（原田禹雄訳注、二〇二一、榕樹書林）がある。

郭汝霖使琉球録

郭汝霖は尚元王の冊封使。『使琉球録』を著した。現代語訳注に郭汝霖『使琉球録』（原田禹雄訳注、二〇〇〇、榕樹書林）がある。原本は中国にも残されておらず、アメリカ国会図書館に在するのみである。

蕭崇業使琉球録

蕭崇業は尚永王の冊封使。『使琉球録』を著した。中国古代の語彙、用法を用いている為、難解の使録として知られている。現代語訳注に蕭崇業『使琉球録』（原田禹雄・三浦國雄共訳注、二〇一一、榕樹書林）がある。

夏子陽使琉球録

夏子陽は尚寧王の冊封使。『使琉球録』を著した。薩摩の琉球侵攻直前の緊迫した状況を伝えている。現代語訳注に夏子陽『使琉球録』（原田禹雄訳注、二〇〇一、榕樹書林）がある

中山沿革志他

汪楫は尚貞王の冊封使。冊封使録三篇を記した。『中山世鑑』の編纂に大きな影響を与えた。現代語訳注に『冊封琉球使録三篇—中山沿革志・使琉球雑録・冊封疏鈔—』（原田禹雄訳注、一九九七、榕樹書林）がある。

中山伝信録

徐葆光は尚敬王の冊封使。『中山伝信録』を著した。冊封使録中の白眉といわれ、和刻本を通して江戸期の琉球認識の重要な源となった。現代語訳注に徐葆光『中山伝信録』（原田禹雄訳注、一九九九、榕樹書林）がある。

おわりに　令和四年夏のできごと

『古琉球を歩く』の原稿を榕樹書林の武石社長に託したのは、平成二九年三月のまだ肌寒い頃であったと憶えている。その後、知己を得た人から「万国津梁の鐘」の訳文を頼まれたことがきっかけで原稿に加えるなど、幾度かの加筆や修正を経て、校正用の第一校を手渡されたのが令和二年の終わり頃だったであろうか。

校正用原稿になってみると、冗長な箇所や自分でも意味が理解できない箇所を数多く発見して添削を行った。また、石碑の写真は撮りためておいたものを活用したのだが、あまり具合が良くないものもあって、再度、撮り直した石碑もあった。

書籍の原稿というものは、原稿のままだと幾らでも校正する箇所が湧き出してくるのだ。それは何故か。良いものに仕上げたい、人に評価されたい、人に誤りを指摘されたくない、などという自身の恥ずかしくも根源的な欲求にその原因がある。しかし、ある時点で自らの能力の程を知って思い切らなければ、刊行は不可能なのである。このことは、私が勝手に師と仰ぐ原田禹雄《はらだのぶお》先生が「原稿を書くことは、恥をかくこと」と仰ったことに、誠に不遜だが通ずるところがあろう。

かくて、いよいよ校正を断念、いや終了して原稿を手放す決意をしたのが、この夏である。古琉球時代に刻まれた碑文の現代語訳に取り組み始めたのが平成二三年頃なので、何と十年以上の月日が流れたことになる。この間、私の子等は中学、高校、本土の大学を経て、最近になって娘からは東京で就職を決めた、と簡潔で素っ気ない連絡があった。

昔、家族でドライブと言えば、山中深くにある石碑や古墓のある寂しげな場所を散々に連れ回し、写真を撮るのに夢中で自分だけが楽しんだ挙げ句、真夏の日射しの下でうんざりと陰り行く家族の表情を今でも鮮やかに思い出す。あの時、ほんの小学生だった子等が成人して職を得るまでの時間をこの原稿に費やした訳だ。夜な夜な泡盛の水割りやビールを片手に漢和辞書を引いてきた不真面目な私と違い、勉強に遊びにと青春を謳歌してきた子等との時間の密度は全く異なるのかもしれない。しかし、この時の流れには些《いささ》かの感慨を覚えるのである。

それはこの令和四年という年が、石碑の現代語訳に取り組む前年に突然の病でこの世を去った父の、早くも十三回忌にあたるからだ。今年の夏は、父が逝った夏と同じくらいに暑い。そんな酷暑の中、足を棒にして這いずり回り何とか職を得て東京で暮らす決心をした娘と、ひたすら難解至極な化学式に向き合って大学院に進む目標を掲げた息子、そして一人静寂の墓域に在って年忌を迎えるあの世の父。時とは、躍動する生者の上にも、静謐《せいひつ》なる死者の上にも等しく過ぎ去ってきたのだ、と。

父が逝く年にも催した父と私の娘との恒例の合同誕生会。父と母、私と妻と娘と息子、弟の家族九名がわが家の和室で賑やかで楽しい座卓を囲んだのが、ついこのあいだのようだ。父は困難に直面しながらも、経営する自社の社屋を新たに大きく構え、七八回目の誕生日を子や孫達に祝福されたあの日の前後が、人生のいやはてを飾る最も誇らしく充実した日々だったのかもしれない。

だが、その会社は今はもう無く、社屋も人手に渡ってしまった。時のうつろいは、わが家の座卓も同じだ。父が逝った後、子等が東京の大学進学のために家を出て行くと、小さくなってしまった家族に、もうあの日の賑やかさが戻ることはない。そして子等のために設けた二階の個室にもそれぞれの主達《あるじたち》の姿はなく、ただ毎日、窓から差し込む朝陽や午後の日差しに、机上の参考書やベッドの枕や布団がひっそりと灼かれているだけだ。

しかし、である。今は二匹のネコが夜となく昼となく忙しなく家中を駆け回っている。平成二八年にわが家にやって来た大きなキジ白は、遊び疲れると妻の膝の上で何時間でも居眠りを決め込む。妻が昨年、大怪我した状態で拾ってきた人嫌いの小さな白ネコが、時折警戒の鳴き声を発しながら近づいて来るが、すぐにぷいっと自分の定位置に戻って身を隠してしまう。そうして、この頃は黒白ブチの野良ネコが庭先に訪れるようになった。昔は動物嫌いだった妻は今や二匹の家ネコの堂々たる母となり、やがて我が家の保護ネコとなるであろう野良の来訪を心待ちにしている。ほんの十数年前には想像もつかなかったことだ。人と家の風景というものは少しずつ変わって行くのだろう。

さて、十数年の歳月を要したささやかなこの原稿の完成を、子等の人生の門出と、飼いネコを愛する妻と、親しき人達とには美味しいビールとともに、ぽんたとまるすとぶっちには「ちゅ～る」とともに捧げようか。

そして、甘党だった故人の仏前には冷えたコーラを。

令和四年　灼熱のウークイの夜に訳注者記す。

諸見　友重（もろみ　ともしげ）

昭和 43 年（1968 年）那覇市生まれ。沖縄尚学高等学校、琉球大学法文学部卒。
著書に『訳注　中山世鑑』（2011、榕樹書林）がある。

沖縄学術研究双書・18

古琉球を歩く——碑文散策考

ISBN978-4-89805-249-5　C0321

2024 年　10 月 10 日　印刷
2024 年　10 月 17 日　発行

著　者　諸　見　友　重
発行者　武　石　和　実
発行所　(有)榕　樹　書　林

〒901-2211　沖縄県宜野湾市宜野湾 3-2-2
TEL 098-893-4076　FAX 098-893-6708
E-mail：gajumaru@chive.ocn.ne.jp
郵便振替　00170-1-362904

印刷・製本　(有)でいご印刷　Printed in Ryukyu

モノレール
首里駅
首里公民館
潭池
県立芸大
守礼門
首里城
県立芸大
1
13
15
14
23
4
12
21
20
7
8
19